尽穷碧落入万山

地球奥秘探索者

万兆元　编

中原出版传媒集团
中原传媒股份公司

大象出版社
·郑州·

图书在版编目(CIP)数据

尽穷碧落入万山 : 地球奥秘探索者 / 万兆元编. —
郑州 : 大象出版社, 2022. 7 (2023. 8 重印)
(中外科学家传记丛书 / 王大明, 刘兵, 李斌主编)
ISBN 978-7-5711-1474-9

Ⅰ. ①尽… Ⅱ. ①万… Ⅲ. ①地质学家-列传-世界
Ⅳ. ①K816. 14

中国版本图书馆 CIP 数据核字(2022)第 097116 号

中外科学家传记丛书

尽穷碧落入万山 地球奥秘探索者

JINQIONG BILUO RU WANSHAN DIQIU AOMI TANSUOZHE

万兆元 编

出 版 人 汪林中
项目策划 李光洁
项目统筹 成 艳 陶 慧
责任编辑 陶 慧
责任校对 张绍纳
装帧设计 王莉娟

出版发行 大象出版社(郑州市郑东新区祥盛街 27 号 邮政编码 450016)
发行科 0371-63863551 总编室 0371-65597936
网 址 www. daxiang. cn
印 刷 河南瑞之光印刷股份有限公司
经 销 各地新华书店经销
开 本 890 mm×1240 mm 1/32
印 张 5. 25
字 数 111 千字
版 次 2022 年 7 月第 1 版 2023 年 8 月第 2 次印刷
定 价 21. 00 元

印厂地址 武陟县产业集聚区东区(詹店镇)泰安路与昌平路交叉口
邮政编码 454950 电话 0371-63956290

总 序

马克思和恩格斯合写于19世纪40年代的《共产党宣言》中，曾有这样一段生动的描述：“自然力的征服，机器的采用，化学在工业和农业中的应用，轮船的行驶，铁路的通行，电报的使用，整个整个大陆的开垦，河川的通航，仿佛用法术从地下呼唤出来的大量人口——过去哪一个世纪料想到在社会劳动里蕴藏有这样的生产力呢？”马克思和恩格斯说的那一切，还不过是19世纪的景况。到了21世纪的今天，随着核能、电子、生物、信息、人工智能等各种前人闻所未闻的科学技术的飞速发展，人类社会面貌进一步发生了翻天覆地的甚至马克思那个年代都无法想象的巨变。造成所有这一切改变的最根本原因，毫无疑问，就是科学技术。而几百年来，推动科学技术发展的直接力量，就是一大批科学家和技术专家。

中国是这几百年来世界科学技术革命和现代化的后知后觉者，从16世纪末期最初接触近代自然科学又浅尝辄止，到19世纪中期晚清时代坚船利炮威胁下的西学东渐，再到20世纪初期对“德先生”和“赛先生”的热切呼唤，经过几百年的尝试，特别是近几十年的努力，已逐渐赶上世界发展的潮流，甚至最近还有后来者居上的势头。例如，中国目前不但在经济总量上居于世界第二的地位，而且在科学研究的多个前沿领域也已经名列国际前茅；有些方面，比如科学论文的数量，仅次于美国而居世界第二；最可贵的是，中国已经形成了一支人数众多、质量上乘的科研队伍。

利用科学技术来推动社会经济的发展，中国已经尝到了巨大甜头，科学技术是第一生产力的观点深入人心。从政府到民间，大家普遍关心如何进一步落实科教兴国战略、推动创新促进发展，使中国在科技创新方面更具竞争优势，培养和造就出更多的科技创新人才，使中国在现代化道路上能走得更长远、更健康。

为实现上述目标，一方面需要提高专业科学研究队伍的水平，发扬理性思考、刻苦钻研、求真求实、勇于创新的科学精神；另一方面也需要增强和培育整个社会的公众科学素养，造就学科学、爱科学，支持创新、尊重人才的文化氛围。这套“中外科学家传记丛书”的编辑和出版，就是出于这样的考虑。

通过阅读和学习科学家传记，一是可以更深刻地理解科学家们特别是那些在重大历史转折关头做出了伟大贡献的科学家的科学思想和创新方法，二是可以更鲜活地了解到科学家们的科学精神和品格作风，三是可以从科学家们的各种成长经历中得到启发。

本丛书所收录的200多位中外著名科学家（个别其他学者）的传记，全部都来自中国科学院1979年创刊的《自然辩证法通讯》杂志。该杂志从创刊伊始就设立了一个科学家人物评传的固定栏目，迄今已逾四十年，先后刊登了200多篇古今中外科学家的传记，其中包括文艺复兴时期的欧洲科学家、远渡重洋将最初的西方近代科学知识带到中国的欧洲传教士，当然大部分都是现代科学家，例如数学领域的希尔伯特、哈代、陈省身、吴文俊等，物理学领域的玻尔、普朗克、薛定谔、海森伯、钱三强、束星北、王淦昌等，以及天文学、地学、生物学、计算机科学和若干工程领域的科学家。值得指出的是，这些传记文章的作者，大都是在相关领域学有专长的专家学者。例如：写过多篇数学家传记的胡作玄先生，是中国科学院原系统科学研究所的研究员；写过多篇物理学家传记的戈革先生，是中国石油大学的物理学教授；此外还有北京大学、清华大学、上海交通大学、中国科技大学等多所国内著名大学的教授，以及中国科学院、中国医学科学院和中国科技协会等研究机构的专家。所以，这些传记文章从专业和普及两个角度看，其数量之多、涉及领域之广、内容质量之上乘、可读性之强，在国内的中外科学家群体传记中都可以说是无出其右者。

考虑到读者对象的广泛性，本丛书对原刊物传记文章进行了重新整理编辑，主要集中在如下几个方面：一是在总体设计上，丛书共分 30 册，每册收录 8 个人物传记；二是基本按照学科领域来划分各个分册；三是每分册中的人物大致参考历史顺序或学术地位来编排；四是为照顾阅读的连续性，将原刊物文章中的所有参考资料一律转移到每分册的最后，并增加人名对照表。

当前，中国正处在从制造大国向创造大国转变、急需更多科技创新和科技人才的重要历史时刻，希望本丛书的出版对于实现这个伟大目标有所裨益，也希望对广大青少年和其他读者的学习生活有所帮助。

目　录

德拉贝奇[1]

英国科学职业化的先驱，杰出的地质学家

亨利·托马斯·德拉贝奇

（Henry Thomas De La Beche，1796—1855）

1 另译“贝施”。

维多利亚时代早期，英国地质学开始步入它的“英雄”时代。一方面，形形色色的地质学发现与思想在赖尔的《地质学原理》中得到整合，形成系统的理论和方法；另一方面，那种延续已久的个人独立从事研究的业余科学传统，随着英国地质调查局的建立以及德拉贝奇学派的崛起而开始逐步瓦解。然而，相对于在科学史上光芒四射的赖尔，这场改革的先驱、地质调查局的缔造者、杰出的学派领袖德拉贝奇长期受到科学史家的冷落。他的名字至今仍鲜为人知。因此在这里，本文将对德拉贝奇的生平、工作与思想作出全面评述。

一、投身地质学事业

1796 年 2 月 10 日，德拉贝奇出生在伦敦，父亲是一名军官。他在德文郡度过了幼年时代，并在那里接受初期的教育。父亲去世后，他随母亲迁到了英格兰南部的多塞特郡，先后在海滨城镇查茅斯和林里吉斯居住，海岸上裸露的嶙峋怪石和悬崖峭壁引起了小德拉贝奇对神秘岩石世界的好奇。1810 年，14 岁的德拉贝奇成为皇家马洛军校的学员。他打算继承父志，做一名军官。然而令德拉贝奇失望的是，拿破仑战争接近尾声，时局渐趋稳定，做军官已不会有太大作为。满怀雄心和抱负的德拉贝奇面临着一次人生的抉择。

那时，英国地质学正处在迅速发展的黄金时期，从事地质学研究已成为悠闲富有的绅士们追求的一种时尚。绅士们骑着马，手拿地质锤，肩背岩石袋，纷纷涌向乡间山野，进行地质调查。对他们而言，与广袤的自然界打交道，可以满足对自由伦理理想的追求，以及对旅游、冒险和户外活动的挚爱；可以体现对强身健体的重视和对自身生理机能的不断挑战；可以显示人的激情、生命忍耐力和永不衰竭的幽默、坦率与真诚。不同于化学和分类学，地质学更像是一种精神活动，是高尚灵魂的食粮。它能强化一个绅士的浪漫情怀。作为年轻富有又酷爱户外活动的绅士，既然没有策马疆场建立奇功伟业的机会，德拉贝奇便毅然加入了以锤为剑的绅士地质学家的行列。

1817 年，德拉贝奇加入伦敦地质学会，成为地质学共同体中的一员。1819 年，他当选为皇家学会会员，同年进行了一次长距离旅行，横穿法国、瑞士、意大利，途经德国和荷兰回国。在长时间的国外旅行期间他做了大量地质调查，并在日内瓦发表了他的第一篇科学论文《论日内瓦湖的深度和温度》。他还学会了几种语言，这使他在回国后能与欧洲大陆地质学家经常保持联系，及时了解欧洲大陆地质学的发展动态。1824 年，他在幼年时继承的、远在牙买加的种植园居住了一年。这期间他相当仔细地研究了岛上的地质状况，回国后将报告提交给了地质学会。1829 年，德拉贝奇再度赴欧洲大陆考察旅行，获得大量观察资料。

德拉贝奇不但是个严谨的野外地质学家，还是个出色的理论地质学家。他早年虽然遵奉伦敦地质学会在 1807 年创建时宣布的“收集地质材料，而不宣传地质理论”的基本宗旨，进行了大量艰苦的野外观察工作，但德拉贝奇并不满足于仅仅成为一个材料收集者。他总是对自己观察到的地质事实进行理论思考，并适时地进行理论创建。19 世纪 30 年代，德拉贝奇的思想臻于成熟，他的理论创建进入高峰时期。1830 年他出版了《地质现象的剖析和概括》。次年他出版了《地质学手册》，该书还被译成了法文和德文，其英文版还远销美国，使他获得了国际声誉。1834 年、1835 年，他又先后出版了《理论地质学研究》和介绍动力地质学的杰出著作《怎样观察》，后一著作再版时改名为《地质观察者》。

德拉贝奇受法国地质学思想影响较大，是法国地质学家博蒙（旧译“波蒙”）的“造山理论”在英国的热情支持者和宣传者。德拉贝奇赞同博蒙的内部高温正在冷却的地球概念，认为这可为大量可观察事实提供最简单的解释。在《理论地质学研究》中，他运用矿物学、化学和物理学的知识，对地球结构及其形成过程进行了综合分析和探讨后提出：地球物质在其形成时期以气态形式存在，后来由于地球表面不断辐射热量而凝结成液态，在中心地带形成地核；地核周围逐渐形成了一个重金属带，此带的外层是较轻的、熔融的富氧化物层，覆盖在最外面的则是气态物质；富氧化物层后来又凝结为由结晶岩组成的固体地壳，它减缓了地球内部热量的外逸，而外部气体则冷却凝结为地壳之上的海洋。这个观点是远远超前于其时代的。

德拉贝奇认为，地球不断冷却是山脉形成的主要动力。他指出，地球是这样一种状态，在一给定的时段，它的内部温度和表层温度会形成巨大反差，固体地壳就会破裂，以适应内部的状况。考虑到地球的质量和体积，这种适应是难以察觉的。它以巨大的断层形式出现，在适当条件下，破裂地块将隆起成为山脊或山脉。不过，德拉贝奇仅把自己的解释当作一种理论假设，它是启示性的而非独断的，但只要这个假设还能对观察事实提供最简单的解释，就不应该放弃这个假设。

德拉贝奇并非亦步亦趋地追随博蒙的理论。德拉贝奇认为博蒙的理论太过极端，明确反对他描述的大环状山系的地理范围和山体抬升的强度，而认为山体的抬升范围比法国地质学家指出的要小得多。在《理论地质学研究》中，德拉贝奇审慎地追求一种介于赖尔均变论和博蒙突发性抬升理论之间的中间立场，认为赖尔眼中的地球太平静，而博蒙的地球又太不平静。德拉贝奇的观点反过来影响了博蒙。博蒙在其著作中就曾引用了由法国著名地质学家维利耶翻译的德拉贝奇的《地质学手册》中的一些观点，以充实和修正自己的“造山理论”。

德拉贝奇还热衷于研究古生物及历史地质学。1821 年，德拉贝奇与科尼比尔合作发表了关于青石灰岩中爬行动物化石的文章，对远古动物鱼龙给予了确定的描述，并描述了被他们命名为蛇颈龙的一系列脊椎动物。1831 年，德拉贝奇还绘制了著名的关于远古时代里阿斯海洋生物环境的“古多塞特”图。到了英国地质调查局以后，德拉贝奇领导自己的学派对历史地质学进行了更深入的研究。

二、与赖尔对垒

赖尔的巨著《地质学原理》（以下简称《原理》）在 1830 年到 1833 年之间连续出版了三卷，在英国地质学界引起了一场影响深远的关于地质学基本理论与方法的大讨论。一部分地质学家为赖尔的著作所折服，完全赞成赖尔的理论；另一部分地质学家——既有英国的，也有法国的——则针对其理论和方法上的缺陷展开了激烈的批评。德拉贝奇就是反对者阵营中最重要的一员。

德拉贝奇首先反对赖尔的均变论思想。德拉贝奇固然也收集现代侵蚀过程与沉积过程的资料，也使用由赫顿创立的、经赖尔光大了的“将今论古”方法，即通过当前的地质活动推断远古时代的自然状态；德拉贝奇的动力地质学著作《怎样观察》本质上遵循了与赖尔相同的方法，几乎被当作对赖尔《原理》的补遗。但德拉贝奇拒不承认自己是赖尔学说的支持者，相反，他坚决反对赖尔“以现代速度活动的稳定状态”的地球概念。他认为在地质史上，地质活动的速度和强度是有变化的，而不是赖尔所说的古今完全均一。他批评赖尔不是将过去遗留的可观察资料作为理论推理的有效来源，而只是一味地依据现在的资料进行说明。德拉贝奇和其他反对者认为：过去地质事件的可观察资料表明，现实的原因（如现在起作用的地质过程）并不足以对过去地质过程作因果解释；许多山系变形岩层的形成过程，用微弱地质作用的缓慢积累是无法作出阐释的，无论那种地质作用时间有多长。

赖尔的“造山理论”是德拉贝奇、博蒙等人批评的主要目标。

赖尔不太重视造山运动，在《原理》第十版中，关于造山运动的阐述只占几十页的篇幅，而且仅限于对博蒙的理论提出的反对意见。赖尔坚持认为，山脉是地震形成的断层经过长时间抬升形成的。这个观点遭到了德拉贝奇的坚决反对。德拉贝奇决不相信，弱力的长期作用会产生与巨大能量突然介入时相同的效果；赖尔赖以建立其动力机制的现代地震和造山活动，不能解释山脉中存在的巨大断层。德拉贝奇在《理论地质学研究》中指出，即使连续的力可以引起沿断层的运动，地层的扭曲仍然需要用更强的作用力来解释。德拉贝奇还引用了实验地质学家霍尔的侧应力引起岩层扭曲的模拟实验，作为所有扭曲岩层都受过强力挤压的启发性证据。他认为就如同使用锤子连续敲击不可能产生打桩机的效果一样，仅靠当前这样强度的地震，不足以抬升阿尔卑斯山这样巨大的山脉。德拉贝奇还认为，赖尔的理论不仅不足以说明山脉中巨大的断层，也不能对山脉的结构作出合理解释。他赞同博蒙的见解，认为山脉的结构需要一种直接和强烈的外推力，而非微小上升片断的累积。他还用地球冷缩说解释了山脉抬升的巨大动力来源。德拉贝奇的地核冷却收缩和侧向挤压等理论在当时影响很大，特别是 1846 年出版的《大不列颠地质调查论文集》第一卷中，德拉贝奇关于南威尔士山脉扭曲与结构复杂的地质侧应力关系的文章，不但对博蒙的思想转变起到很大作用，也深深地影响了其他地质学家和一代后人。奥地利地质学家、全球构造论的代表人物、沃拉斯顿奖获得者修斯（旧译“徐士”）说：“这里我在原则上遵循德拉贝奇早在 1846 年所给出的论述，就此我必须向早已作古的作者表示深深的敬意。多年以前，他对于我形成自己的大山系结构的观点起到了决定性的影响。40 年来，他关于侧压力形成山脉的概念以及关于花岗岩岩体作用的概念正在逐渐被人们认同，他的这篇文章至今仍不失其魅力。”

德拉贝奇还从方法上批评赖尔。他和地质学会的其他几位核心成员一致认为，赖尔的许多理论是先验地形成的，缺乏实证性，缺乏充分的经验支持。地质学会会长塞奇威克就曾批评赖尔使用了太多辩护律师的虚词浮句，甚至不惜歪曲事实以使之符合自己的理论。

德拉贝奇擅长绘画，曾绘制过多幅讥讽赖尔的素描和石版画，以表达他对赖尔的批评。在一幅素描中，赖尔衣着优雅，戴着律师假发套，手里没有地质锤，背上没有地质包，倒是拿着一副眼镜，仿若患眼疾的赖尔平时戴的那一副，站在写有理论字样的大地上，远远望着河谷对面的山脉。他踌躇满志地将自己的有色眼镜递给一位手提锤子、肩背标本采集袋的真正的地质学家——也许就是德拉贝奇的化身，说：“看吧，我亲爱的先生，透过这副眼镜，你会发现自然不就是蓝色的吗？”画的含意很明显，赖尔是在透过有色眼镜观察世界，他眼中的地质图景被观念中先验的假设系统地改变了。在另一幅素描中，他让一本象征着《原理》的著作长出了天使般的翅膀，并且在一个热气球牵引下徐徐飘升。此画讽刺赖尔的理论缺乏坚实的经验基础，只配留在幻想的天国里。

赖尔口讷，不是一名口若悬河的演说家，口才远不能和巴克兰或塞奇威克相比。但赖尔写的《原理》极为优美，像一篇散文，在地质学界乃至社会名流中颇有吸引力。德拉贝奇对此不以为然。他又画了一幅讥讽画，中心人物赖尔戴着有色眼镜，假发套上还多了一顶厨师帽，端着一盆热气腾腾、芳香四溢的食物，后面跟着一群闻香而至的戴着有色眼镜的人。画中的美味佳肴暗指赖尔的理论是经过精心烹制、刻意雕饰的，而其他人则是赖尔理论的盲目追随者。德拉贝奇还在图上批上了一行近乎诽谤的文字："一个傻子制造一堆傻子•绿眼镜走俏"。

除了在理论上存有分歧，德拉贝奇和赖尔在个人关系上也素有芥蒂。1831 年，赖尔准备出版《原理》第三卷，因出版商出现财政问题而延宕。恰在这一时期，德拉贝奇告诉赖尔，他打算出版一本地质学小册子，即《地质学手册》。那时，德拉贝奇的收入主要来源于他在牙买加的种植园，但由于 1831 年的贸易萧条和奴隶骚乱，他的财源濒于枯竭，因而希望通过出书获得经济补贴。这样，赖尔出书的前景受到影响，因而大为不悦。赖尔在给未婚妻玛丽的信中说，德拉贝奇辞去了地质学会秘书职务，回绝一切社交晚会，只想通过出版廉价地质书籍赚钱。赖尔怀疑这些廉价书剽窃了《原理》和他在皇家学院演讲的内容。德拉贝奇以前的确告诉过赖尔，他打算以《原理》为基础写自己的书，但此话很可能是出于恭维。然而听者有意，赖尔惶恐万分，因此又急于出版《原理》第三卷，但遭到书商劝阻。赖尔无可奈何地写信告诉玛丽："……如今书价低廉，而三卷本的花销又太大，我不得不限制发行额，把名利看淡些，让德拉贝奇之流从中获利。他们是靠榨取我的艰苦劳动养肥自己。"

德拉贝奇也极其反感赖尔。他的学生拉姆齐在日记中写道："德拉贝奇爵士发誓要把赖尔炸到半空中去，要揪掉赖尔的鼻子，要一枪射穿他。”德拉贝奇对赖尔的敌视态度，后来也传染给了他的学派成员。1849 年的地质学年会之后，拉姆齐在日记中写道：“作为会长，赖尔的讲话忒差劲了，他假惺惺地表扬调查局，实则给人们留下一个印象：调查局的人不懂归纳和概括，只有他才懂。他这样做是存心的，是为了显示像德拉贝奇这样对应用地质学一窍不通的人也能当一名合格的调查局局长。真是太卑劣了！他遇见我们时总是很尴尬，一副局促不安的样子。”

值得一提的是，尽管赖尔曾遭到巴克兰等人出自宗教的批评，德拉贝奇却从未从宗教的角度来批评赖尔。相反，德拉贝奇是 19 世纪早期英国最具职业科学意识的典范，他关注科学从超科学中获得自主，争取科学和哲学自身的尊严。赖尔本人也不得不对德拉贝奇工作的严谨性、科学意识的彻底性和可靠性表示认同。他曾告诉玛丽：“只要你不被德拉贝奇吓住的话，我想你还是很有可能成为一个地质学家的。”足见德拉贝奇的严谨和认真在当时是很有影响的。

三、倡导科学职业化

德拉贝奇不仅投身于地质学研究，还积极倡导对英国传统科学与教育模式的改革。

德拉贝奇的科学改革思想是与他的政治主张和社会改良理想分不开的。少年时代，德拉贝奇即深受边沁功利主义哲学的影响，赞同卡莱尔精英治国论，在政治上有激进主义倾向。15 岁那年，因在学员中传播“危险的雅各宾主义”被皇家马洛军校除名。他非常赞成卡莱尔有关仁爱的观点，也同意有关普及教育的思想。他认为改革最有期望的前景就是在全体国民中进行广泛的教育，因为低效率和动乱总是由愚昧和无知引起的。因而正是德拉贝奇，而不是赫胥黎，第一个站在伦敦的杰明街为社会民众讲授科学（许多历史文献都错误地将赫胥黎作为第一人）。德拉贝奇在 19 世纪 30 年代画的一幅漫画，很形象地表述了他的政治观点。画中有个满载科学仪器的“知识拖拉机”，把一群挡道的小丑和弄臣推到了道路的两旁，这既表现了德拉贝奇要求把更多资金用于发展科学的基本思想，也含有激进的意图，即科学的进步最终会导致权力结构的深刻变化。他认为，英国政治被庸才和佞臣控制，这突出地表现在贵族政治和教会统治大学的教育制度上。要改变这种状况，只有把权力移交给英才教育基础上选拔出来的技术专家组成的职业阶层。

德拉贝奇两度到欧洲大陆旅行，对法国的科学体制深有感触。当时法国科学水平在很多领域都超过了英国，法兰西科学院成为世界上最有声望的科学组织。欧洲各国学者为了熟悉和了解科学的最新进展，纷纷来到巴黎；整个欧洲的科学家和科学团体都把法语作为国际语言使用。法国逐渐取代英国成为世界科学中心。因此，德拉贝奇也一直同法国科学界保持着密切联系，尤其是与博蒙、维利耶等法国著名地质学家保持经常通信。德拉贝奇注意到，那时法国已经有几个政府设置的专门研究机构，拉马克和居维叶就在法国国家自然博物馆供职，由政府发薪水。法国还创建了几个专门培养科学人才的高等教育机构，如多种工艺学校、巴黎高等师范学校和巴黎矿业学校等。这些学校按科学体系设置课程，注重实验与应用，聘请一流学者任教——博蒙就曾先后在多种工艺学校和巴黎矿业学校任教。学校还实行严格的军事化管理制度，免费供读；学生毕业后由政府分配。德拉贝奇认为，法国科学的快速进步正是得益于其科研工作的职业化。

在英国，科学研究却依旧遵循着长期形成的业余传统，科研工作往往是由业余爱好者或教师在业余时间进行的，科研经费也往往由科学家自筹或私人赞助。那时，英国还没有一个由政府设立的职业科学机构。这样，只有富人和能够得到私人赞助者才有机会从事科学活动。这种现象在地质学界表现得尤其突出。维多利亚时代早期的地质学家，除史密斯等个别人外，几乎都是家道殷实的富绅和社会名流。赖尔和默奇森皆出身于富贵之家，常出入于上流社会和各种社交晚会。菲顿和斯克罗普则因娶了富家小姐而跻身于富有阶层。有的地质学家在教会中身居要职，如巴克兰是威斯敏斯特的教长，塞奇威克则是诺里奇的受俸牧师；有的则成了拥有很高权力的学术政治家，如三一学院的惠威尔[1]以及国会议员格里诺、斯克罗普和沃伯顿等。这些人太富有了，不屑于费神争取学院中收入菲薄的职位，有人甚至断然放弃到手的职位。相反，许多出身于中产阶级或更低社会阶层的才华横溢的年轻人，因为经济原因而被迫选择律师或牧师等有较高收入的职业。德拉贝奇对这种状况深感忧虑。他认为，英国非职业化的个人独立研究科学的方式已不能适应科学发展的需要，于是设想把法国的科学与教育模式引入英国，在英国建

1 另译“休厄尔”。

立一个由政府资助的地质研究机构。

当时，许多英国学者也都注意到了英国科学渐渐落后于法国这一事实，并对英国的落后体制提出批评，批评英国政府在科学方面的投资过于吝啬，敦促政府加大科学与教育投资。德拉贝奇只是这个科学促进运动中的一员，然而，他是个勇于把自己的理想付诸实践的人，是以积极方式要求政府出资支持科学并获得最大成功的首位学者。

德拉贝奇提倡科学职业化还有其个人原因。早年他也像那些悠闲富裕的绅士一样，完全凭兴趣和爱好研究地质学，并且有能力广泛地自费旅行以促进自己的研究工作。1830 年，德拉贝奇自费开始了德文郡的地质调查和地质填图工作。然而，自 1831 年开始，他的牙买加种植园的经济状况日趋恶化，收入锐减，已无力贴补他的这项工作。他不得不向政府申请资助。他给当时负责大不列颠地形调查的陆军总长递交了一份备忘录，谈到他原来打算自费完成德文郡的地质调查和地质填图工作，现因经济拮据而难以完成这项工作，希望政府给予支持。政府高级部门了解到地质调查工作的潜在经济价值，很快答应了他的要求，出资 300 英镑资助他的工作。这笔款项对德拉贝奇的工作来说实在是太少了，尚不足支付旅行开支，更谈不上对他的艰辛劳动有任何报偿。但这是一个难得的契机：德拉贝奇正是从这里看到了实现科学职业化的一线曙光，正是从这里开始一步步地实现他的既定目标。

四、创建地质调查局

1835 年，德拉贝奇完成了德文郡地质图着色工作后，接着建议将类似的工作扩展到全国，并建议政府出资建立一个职业地质机构来承担这项工作。对于此项建议，政府十分慎重，专门组织了一个由资深地质学家巴克兰、塞奇威克和赖尔组成的三人委员会，进行全面评议。评议结果如下：

“我们的看法是：德文郡地质图是巨大劳动与技巧的结晶；欧洲大陆出版的这种大尺度的地质图，就其详尽和精确而言，都不能与德文郡地质图相媲美……

“我们还认为，根据事实也根据我们个人对德拉贝奇非同寻常的综合素质的了解，让他将地质调查按统一的体系扩展到大不列颠的其他区域，将会给国家带来巨大荣誉和利益。”

这一事件在当时引起社会各界的关注，报纸在评议结果出来之前就给予了连续报道，产生了很大的社会影响。

1835 年，英国政府批准成立地质调查局，任命德拉贝奇为局长；还在伦敦建立了一个陈列标本的小博物馆。从此英国拥有了第一个自己的职业科学机构。英国地质调查局也是世界上第一个官方出资的地质调查机构。由于调查局绘制的大比例尺地质图、地质剖面图和其他大量的工作，为国家提供了有关能源和矿产分布的极有价值的信息，还为从事理论地质学研究提供了丰富的基础资料，于是世界各国竞相仿效，1849 年在澳大利亚、1855 年在法国、1867 年在美国、1873 年在德国相继成立了类似英国的地质调查机构。如果说赖尔《原理》的出版标志着英国理论地质学已领先于世界的话，英国地质调查局的成立则标志着英国的应用地质学也走到了世界的前列。

德拉贝奇是一个永不满足的人。他不断地向政府提出更多的经费要求，几乎如商人一般“贪婪”。1839 年，德拉贝奇在完成了长达 648 页的《康沃尔、德文郡和西萨默塞特地质报告》后，又向政府呈递了一份大规模扩编地质调查局的计划。由于得到了政府高层人士的支持，政府批准了这一计划。这样，地质调查局的作图范围从布里斯托尔海峡扩展到了南威尔士的储煤区，调查局增加了 4 个全日制工作的野外助理人员，以伦敦收藏标本的机构为中心成立了一个应用地质学博物馆。在以后的几年里，又有许多人进入调查局。1845 年，有关地质调查的议案在国会顺利通过。议案把调查局和博物馆合并起来，归林业部统一领导，还授权德拉贝奇负责爱尔兰地区的地质调查工作。调查局增添了更多的职员，有矿物学家、古生物学家和野外工作人员。议案还批准为博物馆的收集品建造一幢大楼，这座 1851 年才竣工的建筑被默奇森称为“大不列颠国土上建立的第一个完全用于促进科学事业的宏伟宫殿”。最重要的是，1845 年的国会议案第一次委托政府绘制一份不列颠群岛的综合地质图。由于德拉贝奇的努力，政府对科学的资助达到了史无前例的程度。

地质调查局的建立和其后的不断扩展完善固然得益于多方面的支持，但德拉贝奇超群的想象力、过人的胆识及坚持不懈的努力所起的决定性作用是众所公认的。为了促成调查局的建立及其后的不断扩大，德拉贝奇费尽了心思，做了多方面的工作。他不失时机地将自己的改革设想融于广泛的社会改革潮流之中。19 世纪三四十年代，由于工业及城市化社会的发展，中产阶级和工人阶级政治力量的增长，形成了一股强劲的改革浪潮。英国政府也批准了一系列对社会机构进行改革的方案，它包括：成立健康调查局，进行卫生调查工作；成立大学委员会，协助牛津大学和剑桥大学进行自我改良；1829 年先后通过新济贫法和地方治安条例，改善社会福利制度和治安状况。其目的就是要使公共机构更合理、更有效率、更文明，以建立一个能保证公民健康、安全及良好教育的康乐社会。德拉贝奇审时度势，力图使自己的地质调查工作与这些政府承担的更大的改革项目联系起来。他向皮尔、查德威克及其他政府官员施加影响，力陈地质调查工作的重要性，以使该工作从属于更高的权力机构，他尤其希望他的地质图能成为国家卫生与疾病调查的基础。他在 19 世纪 40 年代初曾告诉查德威克，地质图上可以标出地面特征、地方排水状况及土壤性质，“对于内政部、税务部、警察局、市政局和您领导的健康调查局都有很大的价值，实际上它具有十分广泛的用途”。他力图使政府官员和议员们相信，具有形象鲜明之特征的地质图，可为行政官员提供更为直观的信息，还能与政府已经支持过的一系列工作特别是测量海岸线等工作联系起来。总之，地质学对政治管理和社会控制有直接帮助。

由于地主、工场主和矿业主占据着议会的大多数席位，德拉贝奇便想方设法争取他们的支持。他努力使地主认识到全英地层普查能使他们对土地类型有更充分的了解，使工场主和矿业主相信地质调查能为他们寻找煤层和铁矿等资源提供有价值的信息。结果，这些人不但在通过议案时支持政府对地质调查的投入，在以后的地质调查工作中，各地地主和矿业主还热情款待调查局人员，为他们的工作提供便利。

德拉贝奇还广泛地寻求朋友的帮助和支持。他出身于上流社会，结交了许多社会名流，特别是与有政治改革倾向的议员查德威克、沃伯顿、格里诺以及实用知识普及社的缔造者们过从甚密。这些朋友在他创建地质调查局的过程中，给予了他很大帮助。有些身居显位的朋友，甚至能在关键时刻影响议会或首相的决策。1841 年 11 月，为了防止议会否决有关增加地质调查局开支的方案，巴克兰便先发制人，及早给皮尔首相写信，告诉他调查局的工作已取得巨大的经济效益，甚至在皇家土地上发现过矿产，因此值得加大投资，从而保证了议案的顺利通过。

在地质调查局的筹建过程中，德拉贝奇充分发挥了自己的社交技巧和筹措资金的才能，使持形形色色观点的政治领袖们相信，地质学值得投资，也使那些对地质学一窍不通的富豪愿意出钱资助地质调查。所以有许多评论家都特别提到，德拉贝奇有一种禀赋，可以通过一系列步骤实现自己的既定目标，每一步骤似乎都不引人注目，最终却达到了期望的目的。

然而，德拉贝奇的事业并非一帆风顺，他在推进科学职业化的过程中，遇到过重重阻力，饱尝了误解和流言中伤之苦。最大的一次风波出现在 1839 年春天。那时正在康沃尔调查的德拉贝奇收到了陆军测量局局长的一封信，信中写道："我很抱歉地告诉你，现在正广泛流传着一个令人不悦的谣言，说你的地质调查很不精确，……政府方面觉得他们支付了该项工作的部分费用，若此项工作遭到非难，他们担心会难辞其咎。”

看到信后，德拉贝奇心绪难平，即刻回信，写道：“流言出自塞奇威克先生和默奇森先生在英国科学促进会年会前宣读的一篇论文，加德纳未经同意，给他们提供了一幅德文郡北部的地质图，而他们对我的图有不同看法……他们事先未向我通气，却在地图尚未发表的情况下散布恶毒谣言，对我实施下流的攻击。……我日复一日地在野外辛勤劳作，竭尽全力完成公众赋予我的职责，为报答公众的信任，我奉献了全部热忱和心智，他们却居然兴风作浪，散播流言，极尽伤害之能事，妄图使我的事业从此夭折。”

在学术之外，还有人对德拉贝奇进行人身攻击，说他营私舞弊，假公济私。默奇森诟骂德拉贝奇是“一只肮脏的狗，不折不扣的贪污犯和阴谋家，根本没有资格承担地质调查任务”。面对如此多的流言攻讦，德拉贝奇一度打算辞职。幸亏深孚众望的格里诺出面调停，方才平息了这场风波。德拉贝奇的一个朋友在给他的信中写道：“前一时期我从不同的渠道得知他们在迫害你，估计领头的是赖尔和默奇森。我拜访过格里诺，他说你现在已平安无事了。财政大臣赖斯已了解事情真相。政府会相信你的。”

这次地质学界内部对德拉贝奇的攻讦，看似偶然，实则有其深刻的背景。说到德拉贝奇的地质图不准确，其实只是因为德拉贝奇对某个地层的分类与默奇森和塞奇威克有分歧。事实上，德拉贝奇的工作一向是以严谨和完美著称的。1834 年，地质学会会长格里诺曾赞扬德拉贝奇的德文郡地质图：“其信息之详尽，形式之优美，令人叹为观止。”在财务上，德拉贝奇的管理也是严格而审慎的，一切消费都要向政府详细呈报；锱铢必较的财政部对调查局的财政监督也极其严格，不可能出现经济上的疏漏。这场风波的起因，究其实质，在于德拉贝奇倡导和从事的职业科学与业余的绅士地质学传统发生了根本上的冲突。那时，绅士地质学家只把从事地质学研究作为一种消遣，一种兴趣，一种对浮世烦扰的逃避，一种对崇高精神的追求。默奇森觉得地质学为骑马捕猎等锻炼和娱乐增加了智力上的刺激；赖尔痴迷于地质学是为了逃避索然无味的律师生涯；塞奇威克发现地质学是枯燥的数学教学之外的一个宁静港湾。他们选择地质学还蕴含着对旧日英雄主义的迷恋：他们将自己看作英勇无畏的堂吉诃德，是傲啸于山川旷野的游侠骑士，是为获得梦寐以求的精神满足在野外辛勤劳作的，坚强、快乐的，无拘无束的精灵。因而他们反对将地质学作为一种谋生的职业，作为一种功利追求。一些博物学家如赖尔就十分鄙薄法国职业科学的官僚形象；塞奇威克和默奇森则认为德拉贝奇正在威胁科学的纯洁性质，认为挣薪水的职业科学玷污了对科学之高尚理想的无私追求。在这种背景下，德拉贝奇受到地质同行们围攻，也就不难理解了。但是，倘若抛开传统的傲慢与偏见，想一想他力排众议的勇气、忍辱负重的胸襟、纵横捭阖的谋略、不屈不挠的意志，德拉贝奇不正是地质学“英雄”时代的真正骑士吗？

五、组建学派

地质调查局的中心任务是绘制不列颠群岛的地质图和地质剖面图，还包括一些描述性的工作，但德拉贝奇不满足于只做这些实用性工作，他还希望将野外地质调查材料用于历史地质学的理论研究。他认为，仅靠个人的力量是难以完成这项工作的；只有由国家支持的、能共同合作和统一领导的组织来承担，这项工作才能全面展开。于是他决意要在调查局组织一个可以称为科学学派的研究团体，在重建古地理环境的方向开展理论工作。

要建立学派，就需要在调查局组建和扩编时，将既能完成具体工作又具有理论研究才能的人吸收进来。为此，德拉贝奇付出了巨大努力。他总是在物色有潜力的人选，一有机会便设法把他们收罗到自己的机构中，并给他们的才能以准确的评估，将他们安排在最适合的位置上。英国著名地质学家盖基曾就德拉贝奇发掘人才和使用人才方面的能力给予了很高的评价，他说："拥有广泛的帮助和如何把这些帮助应用得恰到好处的清晰思路，正是德拉贝奇最富有特征的品质。他有能力鉴赏同事的才干，能使他们更投入地为他的目的服务；他有能力吸引住他们，使他们深深地迷恋上这个小团体。他总是有意识地四处奔波，发掘最佳人选，以便更好地完成国家资助的地质研究这一宏伟计划。"这样，在 19 世纪 40 年代，德拉贝奇为调查局招集了一批才华横溢的博物学家，他们有菲利普斯、拉姆齐、福布斯、朱克斯、胡克和赫胥黎等。这些人在到调查局之前就已在学术界崭露头角，有的甚至享有国际声誉。他们在调查局形成了一个精英圈，就如巴克兰给皮尔首相的信中描绘的那样，是“德拉贝奇在英国组建的最天才的小组织”。

作为调查局局长和学派领袖，德拉贝奇拥有最高权力和绝对的权威。为了加强学派智力上的团结，德拉贝奇对学派的学术活动严加控制，实行严格的家长制管理。他要求学派成员们将研究成果发表在调查局出版的论文集中，而且研究成果须与调查局的中心任务及学派的统一纲领有关。1848 年后，德拉贝奇放松了他过分严格的政策，允许成员们单独发表成果的摘要，但事先要征得他的同意。在地质学会召开年会时，调查局的人总是整齐地、引人注目地坐在议会风格的会议大厅的后排。他们从不宣读个人的成果。在正式报告以后的讨论中，他们中任何一位发言都代表调查局的观点。所有与外界的交涉都由德拉贝奇一手处理。

在日常生活以及与下属交往中，这位冷峻峭直的专家治国论者却不乏情趣。他常给部下讲他在皇家马洛军校时的趣谈笑料以及自己经历的一些奇闻趣事。他讲话时总是口若悬河，妙语连珠，还能即兴地表演幽默小品，随手画一些幽默漫画。有一次，为了强调着装对人形象的影响，他专门做了个雪茄作道具，还涂上脸谱以加强效果。他随时可以创造出欢快气氛，因而有人称他为“幽默机器”。

德拉贝奇在调查局营造了一个团结温暖的大家庭。他非常关心手下的年轻人，把他们当作自己的孩子。年轻人也十分尊敬和爱戴德拉贝奇，亲切地称他为“德拉贝奇老爹”。在这种和谐的氛围里，青年职员之间也结下了深厚情谊。这群无忧无虑的单身汉不但白天一起工作，晚上和周末也如影随形，不愿分离。他们一起进餐，看演出，听演讲，参加社交晚会，还就风月场上遇到的难题彼此讨教。朱克斯、拉姆齐、福布斯三人最投缘，被称为调查局里的“三弟兄”。

为了培养团结意识，德拉贝奇曾一度反对青年人成家，也拒绝招聘有家室的人进调查局。他担心女人们会分散下属对调查局的忠诚。有一次，在伦敦总部的德拉贝奇获悉，他的爱徒拉姆齐在野外调查时对旅店主人的女儿很有好感，于是他发函过问此事。拉姆齐赶紧回信解释：“……我只可以说，当触及那明亮的目光时，无论在我冷硬的心上留下多深的印记，我都不曾心智迷乱，情感的外缘也许变质，而内核仍始终忠实于钢制的地质锤。不敢说每年挣 500 镑的人感情会是怎样，只挣 100 镑的人岂敢有非分之想。”从拉姆齐这封诚惶诚恐的信中，足见德拉贝奇对此类事是相当认真的。就现实情况而言，地质调查工作需要常去野外，流动性太大，带上家眷的确很不方便。德拉贝奇初婚时曾携妻子赴欧洲大陆旅行、调查，因娇妻身体欠佳而带来诸多不便，故而心得颇深。再说调查局的工作收入菲薄又漂泊不定，很难吸引一个条件相当的中产阶级的女儿。德拉贝奇的弟子都很晚才结婚：拉姆齐和朱克斯结婚时都已 37 岁，福布斯结婚时 33 岁，奥尔德姆结婚时 34 岁，菲利普斯则终身未娶。无论如何，单身生活在客观上的确促进了学派内部的团结和对调查工作的投入。

德拉贝奇学派的研究方向是重建古地理环境。他们利用夏季野外工作中汇集的地质图、剖面图、岩石标本和化石标本等大量的单独活动的绅士地质学家难以收集到的第一手资料，恢复某一地区远古时代的气候、生物和侵蚀状况等原始风貌。相对于当时多数地质学家只是把岩石、化石和地层分散割裂开来而进行的那类描述性和分类学的研究，德拉贝奇学派能够对古环境进行系统的综合的发生学研究，这在当时是很有远见的。当时关注古地理环境的地质学家并不多，德拉贝奇学派又有自己的特点：首先，他们研究第三纪（新近纪和古近纪的旧称）地层以下较老成岩时期的古地理环境，由于证据残缺，这是当时许多学者不愿承担的课题；其次，强调对某一特定地区进行详尽研究，而不是对大区域或全球进行粗略研究；最后，他们注重多学科的合作，注意将理论与实践结合起来，希望他们的研究能与国家正在进行的环境卫生方面的工作联系起来，在疾病、排水和地质学之间建立起因果联系。德拉贝奇一向注重实际。他根据自己的科学研究，向政府提出过不少政治动议，尽管他的动议并非经常受到重视。

在科学研究过程中，德拉贝奇需要经常对职员们进行指导。他常常到野外工作现场，给工作人员讲述地质填图的含义，指示他们要对所收集的材料进行理论思考。1845 年，调查局扩建之后，德拉贝奇在伦敦忙于行政事务，不能像早期那样经常光顾野外调查网点，他就把自己的观点编成文件发放，还免费发放他的《理论地质学研究》和《地质观察者》，后一著作在当时被人们谑称为“杰明街的圣经”（调查局的总部设在伦敦的杰明街），人们戏谑地说，调查局的人在地质旅行时行动迟缓，是因为德拉贝奇的鸿篇巨制加重了他们的行囊。

1846 年，地质调查局的《大不列颠地质调查论文集》第一卷在伦敦出版，德拉贝奇学派的早期成果基本上都反映在这部文集中。该文集预示了古环境研究、侵蚀过程研究和影响沉积过程的物理化学过程研究的新方向，得出了关于地球远古时期生物分布的新结论，在英国地质学史上占有非常重要的地位。

德拉贝奇学派持续的时间并不长。19 世纪 50 年代，学派开始解体。这时拉姆齐、朱克斯、奥尔德姆和调查局的其他单身汉们开始寻求更多的自主权。他们想成家，想以自己的名义发表论文，想到外面寻找更好的发展机会，想建立自己独立的科学理论。另外，德拉贝奇在伦敦百务缠身，1850 年又不幸瘫痪，不能到野外现场指导，和属下的感情日渐疏远。同时，他的官僚主义专断作风与日俱增，行政命令和红头文件代替了灵活耐心的说服。特别是在 1850 年，德拉贝奇根据政府意图，要求调查局职员们呈报自己每天的活动和所有花销，这引起了朱克斯这批高层职员的强烈反对。他们认为这种警察式的监督是对体面人的轻侮和蔑视，是断然不能接受的。尽管德拉贝奇很快收回了这道指令，然而覆水难收，旧日的精诚团结精神已遭到难以弥合的损伤。

德拉贝奇学派虽然只维持了 10 多年的时间，但它在英国的科学史上具有重要意义。它不但以集体研究的方式取代了流行的个人独立研究方式，还为英国培养了拉姆齐、朱克斯等一批年轻有为的地质学家和古生物学家。这些人后来都成了英国 19 世纪下半叶地质学领域的中坚人物，而且是支持达尔文进化论的主要力量。

1855 年 4 月 13 日，瘫痪 5 年的德拉贝奇在伦敦与世长辞。生前，他的工作已得到政府和地质学界的普遍承认。1842 年，他受封为爵士；1847 年，他当选为伦敦地质学会会长；在他的生命行将终结之时，他还被授予了象征英国地质学最高荣誉的沃拉斯顿勋章。然而，令人不解的是，在他死后的 100 多年里，科学史家们并未给德拉贝奇应有的正视和关注。或许以内史为主导的科学史研究注定要冷落德拉贝奇以及那些遗憾地和德拉贝奇一样未能在今日之科学教科书上留下一笔的人。但是，当我们走出科学内史研究的狭窄视野，将眼光投向更广阔、更深远的历史空间时，就会发现，在他们的思想和奋斗的经历中，同样凝聚着值得我们追忆的力与光。

（作者：王蒲生）

拉夸[1]

法国地质学家的中国之行

阿尔弗雷德·拉夸

（Alfred Lacroix，1863—1948）

1　另译“拉克鲁瓦”。

1926年末，在参加第三次泛太平洋学术会议后，法国地质学家阿尔弗雷德•拉夸短期来华。这在中法文化交流、中法大学历史和翁文灏研究中都有提及。本文进一步依据报刊、档案等史料，介绍拉夸的科学工作、在华的学术演讲和参与地质考察的情况及成果。

一、拉夸其人

拉夸是法国著名地质学家，1893年起担任位于巴黎的法国国家自然博物馆的矿物学教授43年，著述丰富，授课和演讲也极吸引人。法国国家自然博物馆久负盛名，是博物学研究者向往的圣地。它不仅有展览馆、植物园、动物园，也是一个博物学研究中心，并作为法国的一个高等教育机构，培养多个学科的博士研究生。在这里工作期间，拉夸出版的《法国矿物学》（1893—1913）、《马达加斯加矿物学》（1922—1923）等都是多卷本鸿篇巨制。拉夸以博物学家的眼光研究矿物，他认为“矿物是打开地质历史宝库的钥匙”。他眼中的矿物不只是晶体的集合，还是自然情形下形成的有完整历史的作品。他将矿物学、岩石记述学和地质学联系在一起，探寻地质的发展演化。他在矿物学从纯粹描述性到解释性的发展中做出了卓越贡献。

拉夸最著名的工作是火山研究。1902 年 5 月 8 日，位于加勒比海的马提尼克岛上的培雷火山爆发，摧毁了岛上约有 28000 人的圣皮埃尔城。受法国政府和科学院的派遣，拉夸作为一个三人小组的负责人前往考察。考察小组 6 月 23 日到达马提尼克岛，8 月 1 日离开。但 8 月 30 日培雷火山再次爆发。10 月 4 日，应政府要求，拉夸重返马提尼克岛。这一次只有妻子凯瑟琳和他一起前往。他们在岛上建立了两个观测点，对火山的喷发情况进行观测、记录和拍照。这次他们一直考察至 1903 年 3 月 13 日。

1904 年，拉夸的两卷本著作《培雷火山及其爆发》出版。该书详细记述了培雷火山爆发现象、过程，培雷山峰的形状、矿物学组成和结构，火山气体喷发情况，火山爆发物的组成分析，爆发前后地质变化情况，爆发造成的损失等。书中还对培雷火山与维苏威火山等进行了比较，探讨了火山的分类问题。拉夸把他拍摄的多幅照片作为插图，如被摧毁的圣皮埃尔城、火山爆发时冲向大海的岩浆、培雷山顶升高的岩石柱等。阅读拉夸的著作让读者感到身临其境般的震撼。

1904 年 1 月，拉夸当选法国科学院院士，他说："我进入科学院得益于一座火山难以抵抗的推力。"1914 年 6 月，拉夸当选法国科学院终身秘书，在此后 34 年的任期中，他投入了大量精力。作为管理者，他改组了秘书部门，丰富了科学院的档案，支持巴黎图书馆编制详细科学资料目录。拉夸也对科学史有浓厚的兴趣，他运用大量历史资料，撰写了一系列 17 世纪到 18 世纪法国科学家的传记。他的四卷本《科学人物》叙事风格清晰流畅，有重要的科学史价值。

拉夸长期从事火山研究，出版了多部关于火山研究的著作，是当时世界著名的火山研究专家。拉夸一生著作颇丰，后人整理出他的学术论著共有 664 篇（部）。他也获得了很多学术荣誉，是 20 多个国际学术团体的成员。

二、在华演讲和考察

1. 在华行程

1926 年 10 月 30 日—11 月 11 日，第三次泛太平洋学术会议在日本东京召开。中国学者首次参加该系列会议，在会上发表论文 7 篇：《中国东部地壳之动作》（翁文灏）、《中国温泉之分布》（章鸿钊，章鸿钊未到会，由翁文灏代读）、《中国东南诸省森林植物之研究》（胡先骕）、《新发见木材屋腐朽菌两种》（魏喦寿）、《浙江省甘薯之分布及其酿造工业上之价值》（魏喦寿）、《对于中国棉花选种之意见》（沈宗瀚）、《中国东部天气之种类》（竺可桢）。中国学者的论文引起与会科学家的注意，特别是翁文灏在论文《中国东部地壳之动作》中提出燕山运动学说，更是反响热烈。国内的《晨报》《北京日报》《盖世报》《顺天时报》等都刊文对此作了报道。

第三次泛太平洋学术会议后，包括拉夸在内的多位参会外国地质学家来华访问，其中还有对中国地质学深有研究的美国地质学家威利斯（旧译“维理士”）、荷兰地质古生物学家布劳沃（旧译“步洛威”）等。中国地质学会曾举行常会，威利斯、布劳沃、帕克（旧译“派克”）、G. 泰勒等发表学术演讲。

20 世纪 20 年代后期，翁文灏致力于中国东部区域构造特征和构造运动时代的研究，总结分析了当时中外地质学界已有的调查和研究结果，提出了一批重要结论。翁文灏认为，中国东部的加里东运动和海西运动不存在或表现微弱，最重要的运动出现于中生代，特别是侏罗纪到白垩纪时期，这就是燕山运动。翁文灏在论文中总结说："鉴于它首次在北京西山被认出，而那里地层证据研究得最好，……今后我们将它称为燕山运动。……燕山运动是太平洋盆地一个有普遍性的特征。这是对研究世界这一部分的地质构造具有头等重要性的泛太平洋革命。"黄汲清认为，翁文灏所创立的燕山运动理论，"是他对中国地质学的重大贡献，其影响是深远的"。

1926 年 12 月 8 日，拉夸从日本取道朝鲜到达北京。拉夸到达北京前，法文报纸《北京政闻报》于 12 月 5 日已刊出拉夸夫妇即将来华的消息。12 月 1 日出版的《中法教育界》也刊登消息"法国著名地质学大家拉夸氏行将来京"，称中法大学将邀请其演讲。

12 月 14 日拉夸在中法大学演讲。他在华参与了地质考察。12 月 9 日翁文灏曾致函丁文江，说拉夸将于 12 月 27 日到上海。拉夸离开中国后经中南半岛回法国。

2. 中法大学演讲

1926 年 12 月 14 日下午，拉夸在中法大学服尔德学院讲《培雷火山喷火的各种现象》，翁文灏担任翻译，中法大学代理校长李书华致欢迎词。拉夸演讲配有 67 幅幻灯片和一个演示实验，十分吸引听众。译者翁文灏对演讲主题的专深学术背景、对法语的精通及典雅的汉语表达，也给演讲增色颇多。

拉夸从他 1902 年在马提尼克岛上对培雷火山爆发的考察讲起。拉夸介绍说，培雷火山虽地处大西洋西部，但火山岩石含钙质甚多，与太平洋区的火山相同。

拉夸接着介绍火山的喷发形式："火山喷发有的平静无声，岩浆徐溢；有的霹雳一响，灰汽四飞……岩浆成分大概可分为两类：一是盐基性的岩浆，以铁、镁诸质为多，硅质较少。凡此类的岩浆比重大，易流动。火山口不致被其阻塞，（岩浆）能从口内不断地流出，所以无爆裂的作用……一是酸性的岩浆，含铁、镁少，而硅质多；比重轻，黏性大，在同一温度之下不易流动，火山口常被其阻塞。当火山口被其阻塞，喷发即因之停止。所以此类的火山喷发是不连续的、间断的。但是凡酸性岩浆内常带有许多气体。气体受热则胀，地下温度又高，一旦其胀压之力超过其口上岩石的重力之际，则爆发作用立即发生。口内岩石常被掷至天空，相摩相击，细者成粉，粗的成块。地面上亦往往因之发生地震、海啸诸灾。倾屋伤人，为害甚烈。"

拉夸特别介绍了培雷火山喷发的一个奇异现象，就是其山顶上有一石柱自动上升，在五天内升高约 60 米，最后竟高出火山口数百米。"（该石柱）四周成多面形，有时硫黄附生其上。直径约有 150 余米。因其温度尚高，黑夜望之，红灿有光，奇丽绝伦！"拉夸用幻灯机展示了他在培雷火山上拍摄的火山口、长石柱、喷发物等照片。他还用日本海内一火山长柱照片，与培雷火山的长石柱作对比。

接着，拉夸介绍了火山喷发的类型，提出培雷火山是一种新的喷发类型。他说：“（培雷）火山云的移动非上下的，乃纵横的；从石柱底下岩石裂隙中飞出，以水分及细灰为多，自山巅向山麓徐徐移动，其范围甚为确定。……建筑物凡与火山云进行之方向成直角者多已倒塌，其平行的，尚能保存。”这与其他火山喷发类型完全不同。拉夸展示了他拍摄的火山云移动及变化、火山灰沉积的情形、圣皮埃尔城冲毁前后的情形，说明他的观点。

演讲最后，拉夸对美国一些地质学家的火山喷发余音说提出质疑。他认为，火山岩于喷发后经过若干时间，尚能保持很高的温度。如遇雨，会发生微弱的爆裂现象。但这种爆裂是雨水汽化所致，并非真正的火山喷发余音。随后拉夸取冷土热灰遇水演示。

拉夸的演讲激发了听众极大的兴趣。翁文灏说，演讲物奇景新，听众惊叹。

由于中国所处地理位置及火山与地震灾害、地质变化的联系，火山研究在这个时期受到中国学者的重视。火山研究是第三次泛太平洋学术会议的热点议题之一，四个大会报告中有两个有关火山的问题：其一是贾加尔的美国“基拉韦厄火山喷发”，其二是拉夸的“培雷火山的爆发和火山穹形物的形成”。会议期间还举行了火山研究专门会议，拉夸是主持人之一。拉夸在第三次泛太平洋学术会议上有三篇论文，翁文灏评论“亦均为重要文献”。

3. 地质考察

拉夸在华期间，翁文灏、德日进和巴尔博陪同他进行了简短的地质考察。拉夸与德日进是法国国家自然博物馆的同事。1912—1914 年，德日进在博物馆的古生物实验室工作。德日进在华期间和拉夸多有信函来往，法兰西研究院档案馆保存的他们之间的通信最早在 1923 年。德日进在给拉夸的信中曾很详细地谈到他在中国的地质考察和研究工作。英国地质学家巴尔博于 1920—1932 年在燕京大学任教，对华北特别是张家口地质进行过广泛考察，1928 年以《张家口附近地质志》获得哥伦比亚大学博士学位。德日进是巴尔博的密友，两人多次结伴进行野外地质考察，前后合作 20 余年。他们的研究背景和陪同使拉夸简短的地质考察取得了成果。

考察从北京出发，经张家口，直达沙漠戈壁。在这次中国北部和东部的地质考察中，拉夸对熔岩和土壤的酸碱性进行了考察，并与北非地区，如阿尔及利亚，进行了比较。回国后，拉夸于 1927 年 8 月 3 日在法国科学院报告了他在中国的地质考察。后在 10 月 17 日出版的《法国科学院周报》发表论文《中国东部中生代和第三纪火山熔岩的矿物学和化学组成的初步考察》。文章说，中国地质调查所所长翁文灏，刚刚发表了关于中国东部造山运动和岩浆喷发之间关系的研究成果。拉夸引用了翁文灏于 1927 年在《中国地质学会志》发表文章的内容，使用翁文灏提出的“燕山运动”术语，肯定其描绘出了岩浆喷发的地质历史的重要特征。论文还引用了巴尔博 1924 年在《中国地质学会志》上发表的文章《张家口地区的初步考察》。拉夸指出，他的研究不只是矿物学的，还对其产物进行化学研究，而这方面的工作以前很少涉及，因此他在中国的考察着重化学成分研究。1927 年，拉夸以同样的文章题目在《火山学通报》发表了内容更具体的考察报告。拉夸的这一工作以《中国东部火成岩特别是中生代和第三纪火山熔岩的矿物学和化学组成》为题，于

1928 年发表在《中国地质学会志》。

三、回法国以后

1927 年 5 月 23 日，拉夸以法国科学院终身秘书的身份致信中法大学代理校长李书华：“法国科学院行政委员会决定自 1927 年 1 月第 1 期开始，长期由该刊编辑部直接寄赠（北京）中法大学《法国科学院周报》。”李书华复信表示感谢。

1927 年，北京中法大学接到巴黎《法国科学书目》编委会秘书的来函。来函称该编委会主任拉夸先生的提议得到教育总长（教育部长）认可，编委会将长期赠送中法大学其出版的刊物《法国科学书目》。该刊物分为两部分：一部分为数学及物理科学，另一部分为博物科学。拉夸就职的法国国家自然博物馆还曾寄给北京中法大学数十张玉器照片，请历史博物馆罗庸先生鉴定各玉器的名目、年代及用途，罗先生鉴定完毕后由中法大学寄还法国国家自然博物馆。

1929 年，拉夸在《中国地质学会志》发表了两篇论文，分别涉及中国东北部地区的火山熔岩石的观察分析、伟晶岩研究。

拉夸和翁文灏偶有信函往来。法国科学院所存档案中有翁文灏于 1939 年 6 月 5 日给拉夸的信。翁文灏在信中说：刚收到拉夸 4 月 11 日的来信，感谢他附寄的《古生物学报》。由于日本侵略，所有工作都遭受了巨大损失并遇到困难。地质调查所的大部分图书虽已经由北京运抵南京，但在南京情况同样艰难，地质调查所有可能再迁往四川省。中国西南部地质种类多样，有盆地、高山和高原，有很多有益的科学课题等待研究，相信战争时期的研究工作能取得成果，希望这能给整个国家的地质学带来光明。

1948 年，拉夸在巴黎去世，《长江月刊》发表纪念文章，介绍拉夸的经历和科学贡献，称赞他研究兴趣广泛，重视地质考察，对推动知识的进步贡献极大。

四、结语

20 世纪二三十年代，一些世界著名科学技术专家来到中国，他们的科学交流以科学传播为主，中国学术界主要是做听众、做学生。但拉夸有所不同，他对中国学者的理论性研究成果——翁文灏的燕山运动学说表现出极大的兴趣，他在华的地质考察、随后发表的论文与燕山运动学说直接相关。他对翁文灏的燕山运动学说的引用介绍，扩大了这一学说的国际影响力。中国曾因疆域辽阔成为国际地质学研究不可忽略的地域，从拉夸的中国之行可以看到，到 20 世纪 20 年代，中国本土科学家的地质学研究成果，包括理论研究成果，引起了拉夸这样的国际知名地质学家的关注和认可。

（作者：李艳平　刘　娜）

张相文

我国近代地学先驱[1]

张相文

（1866—1933）

1　本文承蒙张秉伦先生悉心指导，特申谢忱。

张相文生活在我国地理学从古代向近代的转型时期。在这一特殊时期，他承前启后，继往开来，为我国近代地学的兴起做了大量开拓性工作。他不仅因编写我国第一批地理学、地质学、地文学教科书影响巨大而被称为中国近代地学的奠基者，而且因创办我国第一个地学团体——中国地学会，创刊“国中最早而悠久之专门科学杂志”——《地学杂志》，对我国地学近代化所起到的巨大推动作用而被尊称为我国近代地学教育开山大师。无论通史性地学著作，抑或研究性专著，每每言及我国古代地学终结，或我国近代地学兴起，均以张相文为标志。笔者通过对张相文个人专集《南园丛稿》作系统、深入的研究，发现晚年时期的他，站在人类学、哲学、科学等学科的高度，对比中西，评论古今，有许多独到的见解。今天看来，尽管他的许多思想、许多观点失之偏颇，但他对许多问题的思考，如中西文化取长补短问题、中国传统文化在西学东渐过程中如何传承与延续问题、科技伦理问题、宗教与科学关系问题等，至今还在讨论。限于篇幅，笔者仅对其科学观略作剖析，一窥这位地学大师的精神世界，并给予这位爱国知识分子以完整的认识和客观的评价。

一、生平简介

张相文先生字蔚西，号南园，一号沌谷，江苏省泗阳县（原桃源县）人。累世耕读，门第寒微。他幼喜读书，家贫无资，立他人书室前听诵，一遍辄能记忆，邻人皆惊称其为神童。10 岁入私塾，勤奋好学，聪明绝伦，先生曰“此生将来必成大器”。此后屡屡易师，步步进益。19 岁时识量渊通，志怀沉静，博览史籍，尤工属文。20 岁时有幸聆教于胡和梅大师门下，畅领教益，名噪江淮。1888 年，张相文开始授书乡里。1894 年甲午战争爆发后，张相文按期购阅外国传教士林乐知办的《万国公报》，并购得中国地图一幅，挂之书室，爱国之情由是而生，究心地理自此而始。此后他陆续接触到格致书院出版的《格致汇编》、江南制造局出版的科学书籍以及维新党人办的《时务报》和康有为著的《孔子改制考》，思想受到很大震动，又看到郑北桐所译《世界地图》一册，购得《地理备说》，眼界大开。

张相文于 1899 年至上海南洋公学教留学班地理、国文等课，一边积极吸收西学之长，一边开始地理教育生涯。他在个人专集《南园丛稿》中有这样的自述：“吾少贫贱，年十一始就乡塾读。读二年，家以分爨不支，命废读……二伯祖曰：是儿可惜。若能续读，吾愿以女妻之。吾家意转。既而二祖姑以还亲为嫌，婚议遂罢，而吾已前入塾复读矣。惟时作辍，执耕作役。役时，每暗挟书册就柳荫无人处，踞地目诵，诵辄能记；或闻他生读，窃听之，亦辄不忘，而书中之关于地理者尤深印入脑。时尚不知有地图也，惟从乡人壁画上推测其所在，虽轮廓不具，亦能具揣其形势。迨弱冠后入学，无锡胡和梅师激赏之，乃就膏火所入，为吾大购群籍，于是向所想慕未识其名者乃皆得之目睹。胡刻一统舆图，亦得之于师处。至是所学乃大有进步。然犹为科举所困。甲午以后，始尽焚弃之，专以地理教人，亦深自愧也。”

为提高学术计，张相文入南洋公学不久，即从日本教员学习日语。至 1900 年底，他日文已通，可阅读、翻译日籍，迅速站在了当时引进西学的前沿。1901 年，张相文分别在上海南洋公学和兰陵出版社出版了自己编写的我国第一批地理教科书《初等地理教科书》二册、《中等地理教科书》四册，印行达 200 多万册，销行甚广，名声大振，“海内谈地理者无不知之”。除编写教科书外，张相文还在 1901 年秋开始，从日文译本翻译法国孟德斯鸠《万法精理》，于 1903 年由上海文明书局出版。第一次将这本被誉为“理想与自由法典”的资产阶级思想启蒙名著完整译介到我国，较之几年后出版的严复的译本《法意》虽不尽完善，却及时适应了国人学习的迫切需求，被誉为近代中国“人权宣言”的《革命军》的作者邹容即深受此书影响。在南洋公学，张相文结识了当时任教员的蔡元培、吴稚晖、白雅雨等 20 余人（这些人后来均成为社会名流），并与正在上海从事革命活动的章太炎、邹容、章士钊、张继（1930 年后任中国地学会会长）等进步人士结为好友。章太炎、邹容因“苏报案”下狱后，张相文与蔡元培奔走营救，还曾与河南陈竞全先生共同担任蔡元培所创《警钟日报》（初名《俄事警闻》）的筹款工作，在这个时期，经吴稚晖、章太炎介绍，张相文在上海参加了同盟会，并于

1912 年被选为国会议员。从 1903 年 4 月起，张相文离开南洋公学，先后担任寿州蚌埠阜丰、淮安阜财两个商业学校的校长，广州两广师范讲习所地理教习，淮阴江北师范学堂教务长。张相文所居住的上海，得社会风气之先，不但新思想非常活跃，而且“新书销行颇广，著述可以自给”。此间译著有《家事教科书》《商学》《两广速成师范地理学讲义》《新撰地文学》《最新地质学教科书》等，“为教育界所崇拜”。

1907 年，张相文由于其《家事教科书》在女学界的影响而受北洋高等女学堂创办人傅增湘的邀请，携家北上天津。由袁世凯委任他为该校教务长，傅增湘为校长。1909 年张相文担任校长。在此期间，其同乡好友白雅雨、陶卓如（清末秀才）也一同来校任教。“为斯学师资之难也，于是有结社讲演之议，宣言既出，应者纷来。”是年 9 月 28 日（中秋节），中国地学会在天津举行成立大会。与会者除直隶提学使傅增湘、提学副使袁希涛、北洋大学校长蔡儒楷、南开中学堂校长张伯苓之外，还有各校师生百余人。大会公推张相文为会长，白雅雨为编辑部长，章鸿钊为干事，陶卓如负责文字撰述。翌年正月，会刊《地学杂志》出版，刊行海内外。

地学会创立不久，辛亥革命兴起，张相文曾记述：“雅雨先已参与滦州军事，余与卓如迂道秦皇岛，航海至沪。顷之，南京政府开幕，雅雨自滦州电请济师，余急谒黄元帅克强，令烟台海军赴援，而滦事已坏，雅雨殉难古冶矣。”（白雅雨、陶卓如、张相文三人为地学会真正任事者，黄元帅指黄兴。）“是时共和新造，人心浮动，几不知学问为何事。吾会栖止虽定，然雅雨死，卓如谋食他方，余独以代议士撑持其间，仅一年余而袁氏谋逆，畏忌党会，当局承意旨而甚焉，追还会所，并停止补助金。农商部总长张啬公闻而惜之，商诸教部，分任补助，遂得赓续不废。然会屋卒不可得。自此遂迁赁民房，不常厥居矣……十数年间，人地屡易，中遭洪宪之变，复辟之乱，余既以护法奔走频年，未遑兼顾。然一编风行，终以不坠。”寥寥数语，虽不能表白张相文苦力支撑地学会的千难万苦于万一，但从字里行间我们大致也可看到，在战乱岁月中，在政府漠不关心、民众不甚理解的情况下，张相文所经历的艰辛与坎坷。作为一代地学先驱，张相文积极奔走于科学救国之路，在“古学已坠之余，新学未兴之会”的历史时期，筚路蓝缕，以启山林，积极开辟中国新地学；同时，作为一名国会议员，他坚持正义，痛恨奸佞，不顾袁世凯早年亲委教务长之情和与张謇的莫逆之交，坚定站在孙中山、黄兴、蔡元培、吴稚晖一边，严词拒贿，屡历风险，积极投身护法运动。

护法运动失败后，社会政治更加黑暗。中国地学会因经费无着落，不得不暂停活动。张相文四处求人，屡次募集资金，然而在那民不聊生的岁月，“达官显贵据地称雄者，家资辄数百万或数千万，欲求其捐数百元于公众机关，若涛贝勒、陈小石者，意无一人”。为中国近代地学的兴起和中国共和制度的建立风风火火努力奋斗了 20 年的张相文陷入绝望，于 1920 年遁入佛门，走上了佛学救世的道路。佛门十载，张相文经常独坐山林，陷入沉思。这一时期的文章后来汇成《沌谷笔谈》四卷，连同这一时期的专著《佛学地理志》，收入张相文长达 70 多万字的个人专集《南园丛稿》。

1930 年，国立北平研究院与中国地学会合作，暂时解决了中国地学会经费问题。64 岁的张相文由于年老多病，辞去会长一职。半年后，张相文因患脑溢血卧病在床，1933 年溘然长逝。

张相文的一生是极不平凡的一生，颇值得我们深思。而要真正解读这位地学大师的复杂人生，我们必须回到张相文所处的复杂时代。

二、两次民族反思

晚清民初，来自西方的政治、经济、军事、思想、文化不断地渗入中国社会的各个方面。这一时期，对中国社会影响最大的是西方技术层面和知识层面的科学技术，其次就是进化论思想。严复翻译的《天演论》用大量的自然界事实论证了生物界物竞天择、适者生存的原理，给中国社会带来巨大震动。《天演论》仅在问世最初的 10 年间就出了 30 多种不同的版本，赢得了广泛的读者，甚至成了中学生的读物。

同是这一时期，近代中国人经历了两次民族反思：一次是甲午战争之后，一次是辛亥革命之后。第一次反思使得中国人从天朝大国的痴梦中觉醒，开始睁眼看世界，积极学西方；第二次反思使得中国人获得“全人格”的觉醒，懂得什么是科学，如何学西方。

第一次民族反思。鸦片战争的炮声震撼了中国，也震撼了亚洲。被打败的中国人，不得不睁眼看世界。在中国社会缓慢变化的同时，出现了《海国图志》《瀛环志略》等著作。这一代中国人从地理学开始了解西方的政治、社会、历史。可惜，当这两本醒世巨著问世，产生激烈反响的不是在中国，而是在日本。中国这个历史积淀深厚、文化同化能力强、社会结构稳定的社会，在鸦片战争的炮声沉寂后又沉沉睡去，日本却由震惊到自强，自己起来改变了自己的命运。待洋务运动兴起，这两本书开始"出口转内销"的时候，20 年已过去。

与甲午战争相比，鸦片战争更多的还是标志性的意义，或者说鸦片战争惊醒的只是少数上层士大夫，真正引起民族反思的是甲午战争的惨败。和当时的许多士大夫一样，张相文也是从地理学开始了解西方，从《万国公报》到《地理备说》，从研究中国地图到世界地图，在地理学中寄托了他匡时救世的苦心。第一次民族反思唤醒了无数爱国志士，也唤醒了张相文。自此，他发愤图强，成为中国近代地学的开山大师。

第二次民族反思。"中学为体，西学为用"，把科学的成果当作一种不得不用来支撑自己的工具。多少男儿为辛亥革命献出生命，然而，整个社会还是黑暗如故。中国人陷入了第二次深刻反思……为什么行之有效的西法，到了中国却面目全非呢？张相文这位优秀学者陷入了沉思。

梁启超在《五十年中国进化概论》中说："革命成功将近十年，所希望的件件都落空，渐渐有点废然思返，觉得社会文化是整套的，要拿旧心理运用新制度，决计不可能，渐渐要求全人格的觉悟。"当利用坚甲利兵、科学知识救国的梦想被一张张丧权辱国的条约毁灭之后，当效法孟德斯鸠、卢梭、华盛顿的理想被军阀的丑恶现实击得粉碎之后，向西方寻求救国之路的人们开始由器物层面

（科学技术）和体制层面（民主共和）转向文化心理层面，从形而下摸索到形而上。通过第二次反思，有相当一部分知识分子提出了中西调和、折中、融合的观点。也有走向极端者，如有主张全盘西化，有驳斥西化，争执不休。

然而，这时的中国已经拥有了一批留学归国、对西方文化有深入体悟和理解的爱国知识分子。他们了解科学思想包含的内容，也知道实验室进行科研是怎么一回事。这批实践家回国以后，凭着实践经验，说得出实验方法的优越性、科学逻辑的优越性。这种逻辑推理需要清晰的思维能力，是旧式知识分子难以达到的。正当"民生苟偷，精神形质上皆失其自立之计"，整个民族急切需要新的信仰的时候，《科学》杂志、《青年杂志》（后改为《新青年》）于1915年同年创刊。《科学》求真、致用同时并重，在传播科学知识的同时，也十分注重对科学精神、科学思想和科学方法的阐扬；《新青年》则是从社会、政治、伦理、文化思想等更广阔的维度进行启蒙。这两股力量汇成群体不断延续，崇尚科学精神、科学方法、科学知识，阐述科学的真义。这两个刊物的创立，标志着我国新一代科学群体的崛起。以任鸿隽为代表的自然科学群体是受过严格科学训练的科学技术人员，他们组成了中国科学社这一中国跨专业的综合性科学社团。他们带回来的不是业余性质的科学素养，而是通过职业技术教育所认识的"全面科学"。以陈独秀为代表的社会科学群体以文化革新为宗旨，在辛亥革命遭到失败、复辟帝制逆流最猖獗时，针对中国民众思想愚昧、落后的状况，高举民主与科学两面大旗，即"德先生"（Democracy）和"赛先生"（Science），启发国民的民主主义觉悟，认定只有这两位可以救治中国政治上、道德上、学术上、思想上的一切黑暗。这里所说的“赛先生”，既包括自然科学，也包括社会科学和哲学，重在提倡科学精神，尊重科学规律，用科学的态度看待客观事物。

令人遗憾的是，在新文化的早潮刚波及少数上层知识分子的时候，张相文悄然走进了寂静的禅院……

三、张相文科学观评价

“一切概念都是在历史中流动的，其流向和‘流域’皆受制于不同历史时期的文化－社会条件。”要剖析张相文晚年的科学观，我们不妨先回顾一下张相文所处的时代中国人认识科学的过程。笔者认为只有将张相文的科学观放在这一历史过程中，才能使我们在特定的时空坐标系中，给予客观的评价。

“科学”这两个字，在不同的国度，文字的意思差别很大，在不同的历史时期，含义也各不相同，对此我们尽可不去细考。1926 年商务印书馆出版的中国科学社丛书《科学概论》首页定义：“科学是根据于自然现象，依论理方法的研究，发见其关系法则的有统系的智识。”如何认识科学呢？任鸿隽曾有如下精辟的比喻：“第一，科学缘附于物质，而物质非即科学。见烛焉，燃而得光，而曰烛即光焉，不可也。其为物质者，可以贩运得之，其非物质者，不可以贩运得之也。第二，科学受成于方法，而方法非即科学。见弋焉，射而得鸟，而曰射即鸟焉，不可也。其在方法者，可以问学得之，其非方法者，不可以问学得之也。于斯二者之外，科学别有发生之泉源。此泉源也，不可学而不可不学。不可学者，以其为学人性理中事，非模拟仿效所能为功；而不可不学者，舍此而言科学，是拔本而求木之茂，塞源而冀泉之流，不可得之数也。其物唯何，则科学精神是。”

这就是张相文终生所未能认识到的东西。任鸿隽代表了当时中国人对科学认识的最高层次。然而，获得这一认识，我们中国人却付出了半个多世纪的艰辛。从坚船利炮器物的层面，到生光化电知识的层面，再到隐藏于其背后的科学精神，每前进一步，都付出了沉重的代价，最后，还是由留学归国的莘莘学子道出了科学的真谛。

顾毓琇先生曾将这一过程分为坚甲利兵时期、科学知识时期、科学方法时期、科学研究时期 4 个阶段。

第一个阶段，我们连科学与工业都分不清楚，“中体西用”，拿来“用”的只是属于工业范畴的军舰大炮；第二个阶段，我们通过读翻译过来的书，吸收了一些西方的科学知识（张相文是这一时期的优秀代表，他不但可以直接阅读日文书籍，还能够用由日文转译过来的西方科学理论，结合已有的中国地理环境资料，编写中国的地学教科书）；第三个阶段，自新文化运动勃兴，我们已经不满足于得到某些科学知识，我们开始推求获取这些知识的科学方法及背后的科学精神；第四个阶段则是在国内研究机关陆续建立后的研究阶段。

张相文对科学的认识水平并没有超出第二个阶段。尽管他不像中国传统地学家那样只是钻研故纸堆，而是走出书斋，外出考察，对中国近代地学有继往开来之功，但他没有真正领悟产生这些知识、理论和方法背后的精神实质。在他看来，我国科学与西方科学并无本质区别，只是缺乏实践、实验，故不及西方科学精审。从他对地学研究方法的总结，可以看出他对科学方法的理解也十分简单："其研究之方法，又无待求诸高远也。即旅行野外，静居一室，俯察仰观，无在不可以资实验。且苟明其原理定则，而于身所未至之地，亦可以触类旁通，得其所以致然之故。"他虽然带着气压计和温度计奔走四方，撰写游记，具备崇实、求真的科学精神，但他并没有意识到这正是科学的精神所在。在他眼里，科学只是匡时救世的工具。他还没有认识到科学的真义。不妨比较一下第三阶段代表人物任鸿隽、胡明复的观点："科学之功用，非仅在富国强兵及其他物质上幸福之增进而已，而于知识界精神界尤有重要之关系。""不特科学界上辟新纪元，宇宙全体之观念为之大变，而凡吾人平日之生活态度、交通方法、社会行为、道德思想，俱受其直接与间接之极大影响。"

四、张相文匡时救世思想述评

综观张相文的一生，20 世纪的前 30 年是张相文最重要的时期，从中可清晰地看到这位地学大师的人生三部曲：第一个 10 年从 1899 年张相文离开家乡到南洋公学，到 1909 年创办地学会。这 10 年间，张相文主要从事地学教育，吸收并传播西学，编写了地学教科书，在政治上虽倡导民主，但仍拥护保皇。第二个 10 年从 1910 年《地学杂志》创刊到 1920 年张相文皈依佛门。这 10 年间，张相文苦力支撑地学会，刊行《地学杂志》，撰写了地理游记，在政治上积极致力于推翻帝制，建立共和。第三个10年从1920年张相文皈依佛门到1930年辞去地学会会长职务，抱病卧床。这10年间，张相文潜心佛学，同时心系祖国地学。

张相文的一生，是为中国地学发展苦苦奋斗的一生。他才学出众，完全可以潜心学术，著述译书，过安逸的日子。但正当他走红教育界的时候，这位忧国忧民的热血男儿，为用地学扭转日益衰亡的祖国命运，完全不顾挚友张謇以邹代钧创办舆地公会导致"炊烟几绝"为例的善意劝说，毅然选择创办地学会这一艰难事业。在他看来，中国国脉之不振，"溯厥由来，亦惟地理上之知识优劣不齐，……推原祸始，实由地学隔膜"。他"丐助于当道"，奔波于学界，孜孜不倦，使学会久延不坠，杂志不绝如缕。一生两袖清风，不喜治家事，却为地学会捐贴数千金。他晚年卧床不起时，若不靠出租住房，真的要像邹代钧那样"炊烟几绝"了。即使在他皈依佛门的10年中，他也没有放弃科学救国的努力。为了裨益于地学进步，他从历年出版的《地学杂志》中遴选精华，汇辑、整理，"冗者节之，离者合之，枯者润之，谬者正之"，编为地学丛书，凡百余万言，以飨学界。他还四处募捐，倾其私囊，为地学会购置会所，并为新置会所撰写碑文。从碑文中可以看到这位地学大师对地学会的殷殷期望："回视山河大地，且无异空华，斯会存废，亦何所容心。然既筚路蓝缕，积胼胝之力以成之，则门庭施设，尤赖付托得人。所望后之主斯席者，勿据为私产，勿视为传舍，允仿十方丛林之制，择贤而授，使灯灯相续，永传于无极焉。庶乎发挥光大，蕲进而与列邦诸学会较短挈长，迭主齐盟于坛坫间也。是则中国学者，人人所当引为己责者欤！”

总之，张相文是一个深受旧学熏陶的中国知识分子，又是当时未出国门的那一代人中积极学习并传播西学的优秀代表。从编教科书到创地学会，孜孜以求。他既对中国地学近代化有承前启后的作用，又曾为辛亥革命四处奔波，出生入死。他在思想最活跃的青壮年时期未能赶上新文化运动，在历经艰辛、屡经挫折之后，痛感时政黑暗，自觉报国无门，于“时事无补”。但他的匡时救世的精神永远值得我们钦佩。

（作者：于 波）

魏格纳

地质学现代革命的伟大奠基者[1]

阿尔弗雷德·洛塔尔·魏格纳

（Alfred Lothar Wegener，1880—1930）

1　李春昱教授、王恒礼教授对本文的写作和修改提出过一些宝贵的意见，谨此致谢。

1980 年 11 月 1 日是伟大的德国地质学家阿尔弗雷德·洛塔尔·魏格纳诞生一百周年纪念日。世界地质学界最大的合作组织——联合国地科联国际动力学十年计划（1970—1980）委员会在这一天召开了总结大会。魏格纳既是地质学家，又是天文学家、气象学家、地球物理学家和极地探险家。他提出的大陆漂移说，已发展为当代最盛行的大地构造理论——板块构造说，又叫新全球构造理论。现代地质学经历的一场巨大革命正是在这个理论的指导下进行的。

一、目标与勇气

魏格纳于 1880 年 11 月 1 日出生在德国柏林一位孤儿院院长的家里，其父亲是神学博士。魏格纳在青少年时期并不是神童，也谈不上出类拔萃。他先后在好几个大学学习，1905 年他在因斯布鲁克大学提交的关于天文学的一篇毕业论文水平也较一般。

魏格纳学生时代的密友、后来成为天文学家的冯特写过许多关于魏格纳的文章，谈到了魏格纳的天赋才能及品质特征。他曾经精辟地指出，尽管魏格纳的数学、物理学和其他自然科学的天赋能力很一般，然而他有能力充分运用这些知识达成自己的目标。他对事物敏锐的洞察力、非凡的预见性、严谨的逻辑判断能力使他能把与他思想有关的每一件事正确地组合起来。尤其突出的是，魏格纳具有科学史上的伟大人物共有的特点——自信心和进取心、勤奋和勇气。正如德意志民族的一个谚语所说：一个人丢了金钱并不可怕，还可以挣；一个人失去了朋友，当然可悲；而一个人若失去了勇气，便一切都完了。魏格纳一生中都保持着一种非凡的勇气。这种杰出的气质早在他学生时代就充分显露出来了。

魏格纳从小就不够健壮，尤其是耐久力较差。为了克服这个弱点，他自觉进行近乎残酷的斯巴达式训练。整个冬天，他每天都去雪地练习滑雪，执行自己制订的去极地探险的预备训练计划，连暴风雪的日子也不例外。21岁那年，他利用暑假，约上哥哥库尔特，怀着巨大的热情在一座小小的山上搞了整整一个假期的登山活动。大学毕业前两年的冬天，他常去拜访住在附近山顶上一所小型气象观测站的朋友。魏格纳每次都是滑雪前往，路线一旦确定，不管道路多么崎岖不平，他总是奋力前往，摔倒了再爬起来，直至到达目的地才罢休。所有这些都展现了魏格纳的抱负和目标感。具备上述品质是难得的，它往往预示着巨大的成功。

大学毕业后，魏格纳在他未来的岳父柯本教授的指导下，从事高空气象学新技术研究。柯本，一位威严的学者，当时是气象学权威，指导着汉堡北边格罗斯博斯特尔的一个有很大影响力的探空气球试验站。

英俊年轻的魏格纳奋不顾身地投入高空探测气球活动，从实验室到林登伯登天文观测台，每个数据，每项工艺，他都认真对待。探空气球技术在20世纪初是世界上最现代化、最难的气象学手段。

魏格纳兄弟参加了 1906 年 4 月举行的戈登·贝内特探空气球比赛。当时持续飞行时间的世界纪录是 35 小时，魏格纳兄弟却飞行了 52 小时，一举打破世界纪录，飞行高度达 3700 米，在他们之前还没有人到达这样的高度。他们战胜了高空的寒冷和两个黑夜，并准确测得高空的气温、气压、风向和风力，完满地达到了预期目的。他们一着陆，便被记者围住了。

“真是棒极了！”一个记者热情地说，“热烈祝贺你们打破了法国人杰·良·沃伯爵保持的世界纪录。请谈谈你们的感想。”

魏格纳兄弟愣住了。他们并不曾有过想要打破世界纪录的念头。“我们只是热衷于这项工作。”“这项工作十分有趣，几乎每小时都有新发现，我们总想再多飞一会儿，再飞高一点儿。就是这样。”

显然，站在人们面前的是两个潜心致力于科学的人，他们的目标是探求科学真理。在探求真理的道路上，魏格纳具有一往无前的勇气。同时，他又是谦虚的、质朴的。随着他的名声日益增大，这些品格表现得愈加突出。拥有这些品格，科学家才能洁身、慎独，保持锐气和对新事物的敏感。

二、质朴的人

1908—1912 年，魏格纳在马堡大学任教。当时他刚刚结束第一次格陵兰探险，一边整理在格陵兰收集的大量资料，一边进行天文学、气象学的讲授和研究。

魏格纳还经常以非国家聘请的私立大学讲师的身份，作一些有关气象学的讲演。无论是在课堂，还是在小小的观测站里，这位年轻的辅导老师，总是那样热情、生气蓬勃，并很快以他的刚毅赢得学生的崇敬。他又很谦虚，总是对学生循循善诱，启发学生去掌握基础知识，决不要求学生死记硬背。在一些偶然的场合，这个看来十分温顺的人，竟像狮子一般勇猛战斗。那是他在批判一种说法——认为必须在极地实际气候条件下工作才能作出预测，魏格纳认为这种说法简直是自杀。

这一时期魏格纳完成了《大气圈热力学》讲稿，在这篇讲稿中他第一次试图从近几十年大量的自由大气测量中找到普遍的物理规律，以便能解释各种现象，诸如不同的大气层（自平流层被发现以来，仅仅过了8年！）和各种类型的云图。这是一个相当难的课题。那些天，凡有机会登台演讲的学者，都赞成将最高学位授予那时还不具有教授头衔的魏格纳讲师。然而魏格纳仍把自己当作听众。与此同时他又用讲稿的题目写下了一本具有划时代意义的著作。而魏格纳对自己工作的评语是："这些推导不是我的，你们会发现这是物理书上写过的，根据……在……页上……"这件小小的逸事反映出这样一个事实：魏格纳确实不具有数学天赋，而且非常质朴。

魏格纳在当年给柯本教授的一封信中坦率地说："我本人持有这样的观点——或许有点儿走极端或是偏见，我认为数学与我无缘分，我弄不懂我究竟是对还是不对。就是说，我除了硬套数学公式，简直无法在数学领域内工作。"尽管魏格纳的才能在这方面显得不足，但他总是从下列两个方面加以弥补：第一，他总是尽最大努力做到文章通俗易懂，不以专家看懂为满足，甚至在他的专业性最强的著作中也是如此；第二，他最突出的一个性格特点是坦率，在学生面前也是如此。他为人做事光明正大，从不弄虚作假。这是某些人难以做到的。他从一般人的俗气中超脱出来，这种俗气往往使人对自己的真实情况表现出一定程度的夸大或缩小。

当时的青年学生实际上都感受到了他的质朴。他的演讲和论证的质朴性，显然是基于他的丰富的经验和已取得的成就，正是这些使他赢得了听众的心。在马堡的那些演讲的最后，他总是拿出大量的照片给大家看，来说明他要论述的东西。通常拿出来的有云图，还有贴近地面的光的反射、由于光在冰晶里的反射和折射而产生的大气光学现象，以及海雾的形成、迁移和翻卷的各种图片。大多数照片都是人们从未见过的。这些图片在他的演讲中用作例证，真是被用得恰到好处。他还让学生看到那些以前只让助教级别以上的学者看的实验，比如K.施图克特教授和魏格纳一起施放几个高空气球去探测光线。魏格纳甘当教授的忠实助手，从不计较荣誉，甚至去听一个年轻教师的这类演讲。魏格纳把照相看作一种研究方法，并给予很高的评价。

魏格纳喜欢下午在学校小吃店喝茶，款待朋友和学生，给他们讲自己旅行中的故事。大多数人当时并不知道魏格纳已经是著名的学者，是魏格纳特有的质朴和诚恳的风度吸引了他们。一个学生在回忆魏格纳时写道：“他点燃了青年人心里的火焰，假如有任何人要向魏格纳提出和证实的理论提出挑战的话，我们将会毫不迟疑地第一个站出来和他辩论。”

1910 年春天的一个傍晚，魏格纳带着他新写成的《大气圈热力学》讲稿，来到汉堡市郊柯本教授的家。门开了，出来一位体态匀称、容貌美丽的姑娘，她用一双明亮的眼睛看着客人，问道："您找我父亲吗？"

她便是艾丽丝，柯本教授的幼女。她带着魏格纳走进柯本的书房。魏格纳看得着迷了，他从一个书架走到另一个书架，默念着各种书名。他还在墙上见到一幅不寻常的大地图。这幅图上画着一根根闭合的表示高压高温气团和低压低温气团的实线和虚线。他看着看着，竟全然不知道姑娘什么时候叫来了父亲，父亲示意女儿不要打扰魏格纳。直到魏格纳走到父女俩跟前，才想起自己是来拜访柯本教授的。

接着，他俩便围绕"大气圈热力学"这个题目热烈地讨论起来。天已经很晚了，似乎话匣子才刚打开。柯本教授也为这位青年教师具有的火一样的热情所感动，便留客人住下了。他们整整谈了四天。最后，柯本教授对《大气圈热力学》给予很高的评价："这样好的书从来没人写过！"

魏格纳高兴地离开了柯本家。他高兴的另一个原因，就是他与艾丽丝在短暂几天内建立了亲密的友谊。

临别时，魏格纳答应艾丽丝常给她写信。可事实如何呢？他确实写了，不过信写得并不勤，写的也只是只言片语。艾丽丝明白，他太忙了，因为她在父亲的书房堆放的杂志中经常见到魏格纳发表的文章。

1912 年早春的一天，柯本教授在家里宣布："今天魏格纳来我们家，他是一个我非常喜欢的人。”魏格纳一进家门，艾丽丝就恨不得立即对他倾吐心里话，可是没有机会。父亲与魏格纳一谈上，就越谈越有兴致。他们一直谈到晚上，大气圈、格陵兰、气象学……姑娘在一旁偷偷地听着，学者们的谈话真是没完没了。终于魏格纳走出书房，碰到艾丽丝，他突然一愣，仿佛才想起她似的。

“啊，艾丽丝，我这次来汉堡正是为了您。嗯，不过我们还剩下一个问题要谈，糟糕，时间就剩下一点儿了。”

然而惊慌失措永远不会在魏格纳身上出现，他立即补充说：“我们的话明天早上谈吧。”

“明天早上？您忘了，我听见您不是说，明天一早您就要和库尔特一起乘探空气球去飞行吗？”

“啊，对啦！库尔特要我这次和他一起飞行，可是为什么您不可以与我们一起飞行呢？这次飞行时间很短，也并不危险。”

就这样，他们三人飞上了天空。以往她乘气球时，总是向地面看，当找到她家的房子时，特别高兴。可今天，她听到的都是兄弟俩的对话：“温度，风速，气压……”姑娘想着自己的心事：“我干吗要来呢？为什么要来飞行呢？他会说出口吗？他也许又忘记了……”

突然，魏格纳对她说：“艾丽丝，我想娶你做妻子，你愿意吗？”

她深情地望着魏格纳，很久没有说一句话，仅仅点了一下头。魏格纳从两只小盒子里取出订婚戒指，把其中的一只戴在艾丽丝的手指上……

可是，订婚后没几天，魏格纳开始了他的第二次格陵兰探险。这一去就是一年。这是艾丽丝难熬的一年。魏格纳平安归来后，他们便结婚了。

三、学者与战争

魏格纳结婚后，打算把家安在汉堡，不幸的是，1914 年夏天第一次世界大战爆发了。尽管魏格纳是一个世界和平主义者，但他仍然作为预备役大尉应召入伍。他的团队奉命立即开赴前线。在战争年代，一个科学工作者能为科学、为人类做些什么呢?

魏格纳所在的团队进入前沿阵地。

战争，大炮轰鸣，弹片横飞，子弹在头顶呼啸而过。冲锋——那是在弹雨下没命地奔跑。退却——道路泥泞，靴子湿透了，没完没了地走呀走呀。然而经常在魏格纳眼前浮现的是蔚蓝色的条带——那是大西洋，还有条带两侧的大陆——欧洲、非洲大陆和南北美洲大陆，这些大陆围绕大西洋到达北极……

艾丽丝的来信多么叫人牵肠挂肚啊！但他心神稍稍安定下来，便折一根小棍在地上画了起来，他在画非洲和美洲，仿佛他又看见巴西恰好从非洲散裂开来。

他因手部和颈部受伤，被送入野战医院。伤口一阵阵剧痛，魏格纳咬着牙，从未发出过一声呻吟，整个脑子填满的依旧是那个念头——非洲与美洲，欧洲与美洲，以及夹在它们中间的大西洋……

魏格纳因伤势恶化，被送进国内一所大后方医院。艾丽丝来探望他的时候，令她惊讶的是，魏格纳请她设法弄许多书来。他开列了一大串书目，涉及许多与他的气象专业无关的学科，如地质学、古生物学、生物学、地球物理学、地理学、生态学、大地测量学、古气候学等。

魏格纳受重伤后，便获准请了长假。医生和亲友们都劝他好好静心养病。也多亏了这次伤病，魏格纳才没有熬到战争结束，他立即投入著述学术专著的工作。他曾经想过，若他死于战场，不能把自己的想法公之于世，那将遗恨终生。于是他忘我地工作起来。他重新坐在真正的写字台边了，那高兴的心情就甭提啦！

一幅不寻常的大陆漂移模式图在魏格纳的脑海里诞生了。不仅现在的欧洲和非洲是从南北美洲脱离出来的，而且所有大陆曾是一个整体，也是从这个整体脱裂开来的。若把澳大利亚看作曾一度与南亚连在一起、南极洲曾与非洲连在一起的话，那何尝不可以认为南美洲、非洲与亚洲过去也是连在一起的呢？澳大利亚不是从印度半岛脱离出来的吗？而印度半岛不又是从马达加斯加岛脱离出来与喜马拉雅碰撞在一起的吗？引人注目的是，格陵兰的西岸不是正与它对面的北美洲海岸轮廓相一致吗？但是这幅图被描绘得越明白具体，魏格纳就越清醒地认识到，如果要把这幅模式图加工成科学的假说，还需要许许多多的事实和论据。否则传统观念不是那么容易被打破的。

假期一晃就过去了，魏格纳又奉命重返前线，改做野战气象观察服务。而他依然如故地研究着有关大陆漂移说的各个问题。

1915 年，在第一次世界大战的炮火中，划时代的地质文献——

魏格纳的《海陆的起源》问世。用战争术语来形容，一枚重型炸弹爆炸了。

这就是作为科学家的魏格纳用他的行动对战争作出的最庄严的回答。正如他的一位挚友贝多夫教授对他这一行为的评价："他已经从可怕的战争景象中培育起来的狭隘民族主义中完全解放出来了。"

应该指出的是，魏格纳写成《海陆的起源》、提出大陆漂移科学假说，并非一时心血来潮，而是多年思索研究的结果。早在 1910 年，当他产生这一想法时，柯本教授一再劝这位未来的女婿不要把时光消耗在大西洋两岸何以具有相似性的问题上："不知有多少人曾研究过它，结果是枉费心血，你应该把功夫花在气象学研究上！"尽管魏格纳对德高望重的柯本教授始终充满了敬意，但他并未因此放弃自己的学术方向。一旦思想成熟，他就坚决地从气象学转向地质学，写出了自己最重要的学术著作。1924 年，在《海陆的起源》第三版中，魏格纳谈到这一假说的酝酿过程：

"大陆漂移的想法是著者于 1910 年最初得到的。有一次，我在阅读世界地图时，曾被大西洋两岸的相似性所吸引，但当时我也即随手丢开，并不认为具有什么重大意义。1911 年秋，一个偶然的机会，我从一个论文集中看到了这样的话：根据古生物的证据，巴西与非洲间曾经有过陆地相连接。这是我过去所不知道的。这段文字记载促使我对这个问题在大地测量学与古生物学的范围内为着这个目标从事仓促的研究，并得出了重要的肯定的论证，由此就深信我的想法是基本正确的。我第一次把这个想法发表出来是 1912 年 1 月

6 日我在美因河上的法兰克福城的地质协会上作的讲演，题为‘从地球物理学的基础上论地壳轮廓（大陆与海洋）的生成’。后来，又在 1 月 10 日的马堡科学协进会上作了第二次讲演，题为‘大陆的水平移位’。同年（1912 年），这两篇讲稿都刊出了。……后来因受兵役之阻，我未能对这个学说作进一步的工作。到了 1915 年，我终于能利用一个较长的病假期，对这个学说作了比较详细的论述，写成本书，收入《费威希丛书》而出版。”

魏格纳还十分恳切和谦虚地指出：在查考文献时，“我发现有好几个先辈学者的见解是和我一致的。……F. B. 泰勒则从另一条道路走进了大陆漂移说的领域。……前面已经说过，在我读到上述著作时，我的大陆漂移说已经大体上形成。其他著作则知道得更晚。前人著作中某些与大陆漂移说相类似的论点，今后被更多地发现出来，并不是不可能的”。

四、大陆漂移说——一首伟大的地质之歌

魏格纳的大陆漂移说的提出，影响着 20 世纪地质学的现代革命。因此，有必要简略地介绍一下它的科学内容。

地质学最本质的、有别于其他学科的个性是：复杂性和层壳性，不可逆性和不可模拟性。其中最薄弱的是层壳性，这也是物质的地质运动形式的基本特点。作为一个气象学家，魏格纳正是从地球物理－气象学领域开始自己的科学研究工作的：他研究大气圈上层热力学，研究了极地冷气团的运动。在对照分析陆地高度与海洋深度的平面分布曲线之后，魏格纳第一次揭示出两个阶梯的成因性

质，一个阶梯是大陆平均高度，另一个是全球洋底的平均深度。他推断，组成洋底的岩石与组成大陆的岩石原则上是各不相同的。前者重，以硅镁为主，又叫“硅镁层”；后者轻，以硅铝为主，又叫“硅铝层”。这种看法在20世纪初叶具有非常大胆的创造性，它从地质学角度对洋壳和陆壳的不同成因给出了一个重要解释。然而，关于物质的地质运动形式及其层壳性，魏格纳的概念过于模糊，关于两类地壳结构的概念，他又看得过于简单。按照魏格纳大陆漂移模式，轻而硬的硅铝陆壳会像“冰山”那样在塑性而致密的硅镁层进行漂移。

尽管在细节上很不完善，大陆漂移说的成功是不可避免的。魏格纳从地貌学、地质学、地球物理学、古生物学和生物学、古气候学、大地测量学等不同学科的角度，对大陆漂移说作了严密的论证。

最简单最明显的证据，也是最有力的证据，便是大西洋两岸大陆海岸线的相似性。魏格纳将诸大陆的外形轮廓线进行比较，发现各海岸线能很好地拼合起来（近几年有人取大陆架的轮廓线，用电子计算机作出了最佳拟合，偏差真是微乎其微），于是他推测在古生代末期，所有大陆曾是一个统一的泛大陆。泛大陆包括两部分：北方劳亚古陆，范围包括今几乎整个北美洲（除西部）和欧洲（除意大利等）以及亚洲的大部分（除印度和阿拉伯半岛等）；南方冈瓦纳古陆，范围大体包括今印度半岛、阿拉伯半岛、澳大利亚、非洲、南美洲和南极洲。由于任何一个大陆的古生代和早中生代的地层剖面，在两大古陆相邻部位都能一一对上，因而能够得出一幅大陆块拼合结构图。这些大陆第一次分离发生在中生代，通常只能给出一个平均年限，甚至是上限，即距今 1.8 亿—1 亿年。在分裂时，大规模的碱性玄武岩浆喷出，从而形成一些独具特色的金属成矿带，譬如非洲的安哥拉与南美的巴西的成矿带，按现代大陆拼合后都在一个个条带上。

古气候资料始终是魏格纳的有力论据。当时，就在澳大利亚、印度半岛、南非和南美洲，发现了 3 亿—2.5 亿年前的古冰川遗迹。20 世纪 60 年代这些地质时期的冰川泥砾居然在南极洲亦被发现。把这些古冰川遗迹放在泛大陆拼合图上，发现竟然集中在一个不大的地区，即当时的极区，冰盖的规模比现代南极洲面积略大。在欧洲，这一时期沉积的是富含珊瑚礁（暖海标志）的石灰岩。距今 2 亿多年前，在二迭海中标志暖海的珊瑚礁和巨厚盐层的踪迹，也在北极圈（北乌拉尔附近）找到了。这样大规模的古气候反常事件，在气象学上是不好解释的，若从大陆漂移的假说来看便是自然而然的事件了。

古生物学和生物学上也有很多证据。在南极洲、非洲、印度半岛、南美洲和澳大利亚，到处都发现了早古生代的同一种属动植物化石，显然这种同一种属的动植物群曾经生活在同一大陆——过去的南方冈瓦纳古陆上。典型例子是，动物有水龙兽，植物有同一门类的裸子植物。这些裸子植物分布广泛，种子不可能靠风的搬运远涉重洋。在现代南半球的每一块大陆上，特有的动植物种属的形成是从中生代开始的，这就证明泛大陆的分离正是从中生代开始的。更为有趣的是，魏格纳旁征博引，根据某一特定时间段的一些主要是古生物学上的论证，通过形象思维加工出一幅幅古大陆聚合与离散的演化模式图，适用于6亿多年前至今，包括了整个显生宙。这件事令数学家目瞪口呆，高度的想象力竟如此深刻地把握住了物质运动的地质形式，模式竟如此精确。难怪有人惊叹魏格纳是一位伟大的地质诗人，他的大陆漂移说是震撼世界的伟大的地质之歌。

魏格纳还提出了其他思想，譬如岩石圈在冰盖重压下会发生挠曲的思想，离散的陆块边缘在原始块体作用下将再度绽裂的思想。

一个学说的诞生、发展不会是一帆风顺的，总是需要克服艰难险阻曲折前进的。《海陆的起源》发表后，魏格纳在很长一段时间并没有获得相应的学术地位。他的朋友写道："我们许多魏格纳的同事纷纷为这位伟大的学者鸣不平，为什么德国没有授予他正式教授头衔？"直到1924年，魏格纳才接受了邻国奥地利格拉茨大学授予他的气象学和地球物理学正式教授头衔。

五、在格陵兰长眠

魏格纳一生的理论、实践以及精力，都与格陵兰探险联系在一起。他关注格陵兰，先是从气象学角度开始的。因为自有人类以来的全球气候事件，最有趣的莫过于格陵兰了。北欧流传下来的民间传说和历史记载，总是少不了以这些事件作背景，它们强烈地吸引着一代又一代的青少年，这对魏格纳从小在这方面立下大志，不能不说是一个重要的影响因素。这类文献又确实比现代气象观测记录早几百年。公元前2350—公元前650年，北欧曾是一个相当温暖且平坦辽阔的草原，甚至在公元 7 世纪格陵兰还住有 1 万多个欧洲移民。可是到公元 14 世纪，北欧气候逐渐变冷，格陵兰冰川扩展到 17 世纪已经淹没了几个世纪以来一直繁茂昌盛的冰岛牧场。到了魏格纳时代，格陵兰已经是一个神秘而又恐怖的被冰雪覆盖的极地世界了。冰期扩大与欧洲人生活至关重要，探索它的秘密来为人类服务，曾经激励着多少有志的青少年。魏格纳一生四次去格陵兰探险。

第一次是 1906—1908 年。魏格纳以官方气象学家身份参加由迈里斯领导的一支著名的丹麦探险队。他们第一次穿过冰帽，行程 1100 千米，首次获得了丰富的极地冷气团的第一手珍贵资料。

第二次是 1912—1913 年。他参加科赫船长（一位丹麦上校）领导的探险队，关注重点已经转移到冰川学和古气候学上。他在这次探险中收获很大，学术上除了大气热动力，还在极光、云的光学、海市蜃楼、声学方面有所发现和建树。他在漫长的极地冬夜苦苦思索大陆漂移，终于下决心从气象学转向地质学，这是他学术生涯中的伟大转移。此外，这次探险使他积累了组织和领导极地探险队的必备经验。自此他成了德国极地考察界公推的领袖，1930 年他出版了描述这次探险的两厚本巨著。

第三次是 1929 年初春至深秋。这是一次试探性的考察，目的是在陡峭冰壁间选择搬送重型设备（如人工爆破地震仪）的登岸地点。

第四次是 1930 年。他是 1927 年底领受这次任务的。在魏玛共和国已经失败而希特勒纳粹政权即将上台的前夜，国家哪有精力真心支持魏格纳制订的庞大探险计划呢？因此，魏格纳从筹备那天起就几乎消耗了全部心血，直到最后在格陵兰牺牲。

魏格纳和他的探险队于1930年4月抵达格陵兰。他们试图重新测量格陵兰的经度，以便从大地测量方面进一步论证大陆漂移。在严酷的条件下，魏格纳教授从事气象观测，还利用地震勘探法探测格陵兰冰盖的厚度。当时，在格陵兰中部爱斯密特临时基地，有两名探险队员准备在那里度过整个冬夜以便观测天气。然而冰雪和风暴使给养运输一再耽搁。9月21日魏格纳决定把装备给养从海岸基地运送到爱斯密特去。魏格纳一行15人乘雪橇在风雪严寒中艰难跋涉了160多千米。在极端险恶的环境里，大多数人失去了勇气，但魏格纳决不回头。在零下65℃的酷寒里，最后剩下两个人追随他。他们终于到达爱斯密特。这时，一个同伴的双脚严重冻伤。

爱斯密特基地留有的粮食和给养亦很紧张，魏格纳担心，如果他仍留在这里，意味着有人将会断粮，每人定量已经很少了。魏格纳决定返回海岸基地。

11月1日，人们给他庆祝了50岁生日，他与他的向导——因纽特人拉斯姆一块儿愉快合影，这是他生前最后一张照片。当天晚上，他请求拉斯姆留下来："我想您应该留在这里，您还年轻，正是生命兴旺时期。"

拉斯姆坚定地表示他愿跟随魏格纳。

第二天，他们乘坐两辆狗拉雪橇向西海岸基地进发了，带了17只狗、135千克的旅途用品和盛满煤油的大白铁皮桶。出发那天气温是零下 39℃，而前一天的气温是零下 65℃。

谁都未料想到，这是魏格纳的最后一次进军……

人们迟迟不见魏格纳和拉斯姆归来的踪影，多次出动，四处寻找，毫无结果。与附近英国极地高空气团探测基地联系，由他们派出了两架飞机搜索，亦毫无结果。无情的格陵兰冬季极夜，漫天冰雪，一切搜索工作不得不停止。直到次年 4 月天气才略变得晴朗一些。于是一支庞大的搜索队伍于 1931 年 4 月 23 日出发了。

搜索队在距基地 285 千米处找到了他们喂狗的干粮箱子。这说明喂狗的干粮不多了。到了 255 千米处，找到了魏格纳的雪橇，显然，由于酷冷，途中有许多狗不断倒毙。很快又找到了另一架雪橇。魏格纳和拉斯姆在 255 千米处仅仅留下一架雪橇。往前，找到的东西越来越多，许多小物件发现的位置都说明了他们在前进，每前进一步都要付出很大的代价，他们在同风雪搏斗、同严寒搏斗、同死亡搏斗中前进。

到了 189 千米处，找到了滑雪板。大家都认识，这是魏格纳的。离滑雪板约 3 米处找到了掩埋在雪堆里的滑雪杖。这意味着什么？魏格纳下一步该怎么前进呢？人们在掩埋滑雪板一带的冰雪中挖掘起来。先是挖出一些鹿毛，然后掘出了鹿毛皮，往下是魏格纳穿的鹿毛皮袄，再往下是他的一个睡袋。先见到他戴着手套的两只手，下面还有一张鹿皮和睡袋，魏格纳的遗体便静卧在中间。

他是那样安详，仿佛刚刚睡去，只是眼睛微微有些张开。他的面容甚至显得比活着时还年轻一些，只是在一级冻伤处留下了几个斑点。他的上衣和绒衣、盔形帽和靴子都整整齐齐，只是身边的烟斗、烟袋不见了。

大家认真观察了魏格纳的尸体和遗物后得出结论，魏格纳这个人的特点是一旦行动决不回头，他经过几天连续的奔驰，拼死前进——因疲惫过度造成心力衰竭而死亡。

同伴们久久垂头，静立在这位卓越的领导者和亲密战友遗体面前，心潮起伏。大家重新挖掘一个墓穴，埋葬了魏格纳的遗体，上面堆砌坚硬结实的大冰块，冰块上面放着他使用过的雪橇。有人把魏格纳使用过的滑雪杖劈开做成十字架，插在他的墓穴旁，还插入一根滑雪杖，上面撑起一面黑旗。

魏格纳的命运查清了，他忠实的伙伴拉斯姆呢？人们终于明白，他们之所以能很快地找到魏格纳，是因为拉斯姆按因纽特人的风俗，隆重地掩埋了魏格纳，构筑墓穴并标记清晰。拉斯姆拿走了魏格纳的烟斗和烟袋，还有魏格纳的日记——这是唯一与魏格纳并肩战斗、生活的物证了。拉斯姆将这些东西埋藏好之后，似乎继续进发了，沿着魏格纳要去的方向。

人们在 155 千米处，似乎到了尽头，自此拉斯姆的踪迹再也找不到什么了。饥饿的狗倒毙了，拉斯姆在此迷了路，可能也精疲力竭而死了，他年仅 22 岁……

库尔特立即接续了弟弟的格陵兰探险事业。格陵兰岛的因纽特人中流传着：魏格纳还活在人间！

魏格纳是科学史上极地探险的勇士。当他第四次前往格陵兰时，已经是举世闻名的学者了。名誉和成就没有成为他的精神包袱，舒适和享受也不能诱惑他。他一如既往，怀着真正的科学家所具有的追求真理的赤子之心，又一次踏上了冰天雪地的格陵兰，不幸以身殉职。在他以后，极地探险科学考察事业日益兴旺。长期以来这些活动的核心手段仍然是魏格纳倡导的地震波的折射，核心思想仍然没有离开魏格纳的大陆漂移说。

六、大陆漂移说的复兴

魏格纳去世以后，大陆漂移说便进入冷落时期，以致当时在美国，一个地质学教授倘若要演讲魏格纳的大陆漂移说，他将被解聘，受到失业的威胁。问题在于，早期的魏格纳活动论拥护者，是将大陆漂移的动力主要归于离心力（再派生出的离极力）和潮汐引力，这些力是由于地球自转和太阳、月亮对地球的引力所产生的。对这个运转机制的定量评价，是英国数学家兼地球物理学家 G. 德热弗里斯作出的。他计算出这种机制产生的力要比大陆发生漂移所必需的力小若干个数量级。此外，学者们没法用魏格纳的大陆漂移模式解释深源地震带。所有这些，使得在魏格纳死后的 20 世纪 30 年代至 40 年代，活动论拥护者寥寥无几。但是在对那些显然不能令人满意的大陆漂移机制进行批判之后，仍然没有一个人能够推翻魏格纳所提出的任何一个地质论据。地质学家们后来才明白，大陆壳的形成，在岛弧区是在很大的深度上开始的，并与地幔的演化过程有机地联系在一起。

在 20 世纪 50 年代末至 60 年代，科学家们获得了大量的很有分量的地球物理资料。这些资料只有采纳魏格纳的活动论才能作出科学的解释，只要将魏格纳的活动论稍作修正就行了，这就是现代著名的板块构造学说。

首先打破僵局走在最前面的是古地磁学家。他们进行了一系列研究和测定后指出：现代洋壳相当年轻，洋壳是在大洋中脊处，并且仅仅是此处向两侧作海底扩张才得以形成的。最古老的洋壳，在北大西洋，形成时间在1.9亿—1.8亿年前；在南大西洋，形成时间大概在1.1亿—1亿年前。尽管洋盆的外形轮廓边界不断在变迁，尽管洋盆已经存在若干亿年了，然而岩石圈的洋壳总是不断从大洋中脊处产生出新的，然后像传送带一样被带向岛弧，在那一带向坚硬的陆壳底下俯冲。这样，深源地震带（实为毕乌夫震源带）便得到了最合理的解释。俯冲结果是旧洋壳的消亡和新陆壳的诞生，加入新陈代谢行列。关于海底扩张，20世纪70年代人们借助小行星上类地幔结晶玄武岩的模式已经获得令人满意的定量解释；人们还采用板块构造学说对全球地震活动带作了重新认识，得出重要的结论——沿岩石圈板块边界地震释放的能量占了总地震释放能量的99%以上。板块构造理论是一种全球构造学说。关于转换断层和大陆裂谷的研究，标志着板块构造在大地构造学说中取得极大的成功。断层不再是僵死的，而是转换变化着的。裂谷本质不是指地貌形态上的地堑，而是指地壳上地幔之间的“反根”构造和浅源地震带相结合。这是板块构造20年研究的累累硕果，把错综复杂的地质现象的本质清晰地展现在我们面前。

一个普通的孩子成了一个震撼世界的科学伟人，一个普通的气象学家完成了地质学上里程碑的伟大发现，影响着20世纪地质科学的现代革命，这绝非偶然。回顾一下魏格纳的学术研究，某些特点是很有启发意义的。我们发现，魏格纳的特点在于，他踏进了各个学科接壤的空白领域。他是气象学家，但决不把自己的视野局限于狭小的学科范围之内，而是吸取了看起来各不相干的学科的丰富养料，加以升华、结晶。指出魏格纳获得成就的这一特点是十分重要的。20 世纪每一项带有革命性的科学观念的提出，都和这个特点有关。现代控制论的创始人 N. 维纳对边缘学科取得了自觉认识，并在《控制论》一书导言中作了如下精辟的论述："在科学发展上可以得到最大收获的领域是各种已经建立起来的部门之间的被忽视的无人区。……正是这些科学的边缘区域，给有修养的研究者提供了最丰富的机会。"

如果说一个物理学家的语言离不开数学公式的话，那么一个地质学家的语言离不开图像——平面图和剖面图。形象思维，特别是具有丰富想象力和预见性的形象思维，弥补了魏格纳在数理方面的某些欠缺。他从气象学上瞬息万变的云图转到大西洋两岸惊人的相似性，比较自然地克服了地质学家常常带有的大陆固定论的偏见，从而获得巨大的成功。爱因斯坦非常重视想象在科学发现中的作用。他曾经说过：想象力比知识更重要，因为知识是有限的，而想象力概括世界上的一切，推动着进步。

除了这两个特点，魏格纳所具有的献身于追求科学真理的崇高品格对他的成功也起了重要作用。他的崇高品格来自坚定的信念和原则。他在第四次探险时，给好友乔治写了一封信，谈到他在极地探险活动中的信念和原则。我们不妨把这些话看作他一生追求科学真理的总结。信中，他说："无论发生什么事，必须首先考虑不要让事业受到损失。这是我们神圣的职责，是它把我们结合在一起，在任何情况下都必须继续下去，哪怕是要付出最大的牺牲。如果你喜欢，这就是我在探险时的‘宗教信仰’，它已经被证明是正确的，只有它才能保证人们在探险中不互相抱怨而同舟共济。”

（作者：彭立红　刘平宇）

杨钟健

从民主战士到“龙骨大王”

杨钟健

（1897—1979）

20世纪20—30年代是近代科学在中国社会发展的重要时期，杨钟健就是在这个时期涌现出来的我国老一辈自然科学家之一。他的一生，平凡，又极不平凡：他在我国创立了古脊椎动物学，是这门学科的一代宗师，但他又只是中国现代知识界的普通一员；他曾经为民主自由英勇战斗，为社会主义事业埋头苦干，却又始终身处亿万优秀的中华儿女不断前进的滚滚洪流之中。因此，我们传叙他的历史，并不意味着对英雄史观的崇拜，而是为了从一个人的过去看到国家的未来。

一、呐喊与沉思

1897年6月1日，杨钟健出生于陕西华县龙潭堡村。父亲杨松轩是一位具有民主思想的教育家，在清朝末年创办新式教育，提倡男女同校，主张女子不缠足。杨松轩还是同盟会华县支部负责人。辛亥革命后曾任陕西省军政府教育司次长、省议会副议长等职，后来回到华县，创办咸林中学，以兴办教育、培养人才为终生事业。杨钟健自幼随父读书，受到父亲思想的熏陶。杨钟健不畏艰难困苦、献身科学事业的坚强意志，最初也是得于父亲的教诲。杨钟健曾经满怀深情地回忆说："先父讲学精神，始终以灌输新知识及启发学生思想为目的，故学生乐于就学。钟健犹忆有时在甘露寺侍宿，先父时时为钟健讲西哲探险及航海等故事。钟健以后对于探索研究工作，稍有兴会，实受先父此等启发之影响也。”

1916 年，杨钟健从省立西安第三中学毕业，次年进北京大学预科，又两年，入北大地质系读书。当时的北京，是北洋军阀统治的巢穴，反动政治的中心，同时又是各种政治力量集结的场所。封建主义和民主主义，无政府主义和马克思主义，各种社会思潮纵横交错。北京大学正是这种思想斗争旋涡的中心。由于新任校长蔡元培开明的兼容并包办学原则，这里成为进步势力的一片乐土。正是在这样的环境中，年轻的杨钟健的民主主义思想得到了进一步发展，他为反对封建军阀、争取民主自由放声呐喊，在进步舆论的阵地上勇猛驰骋。

在北京大学，杨钟健结识了一批新的志同道合者。他参加了邓中夏、许德珩、黄日葵等发起成立的北京大学平民教育讲演团，经常到北京市内、通县和长辛店等地宣传讲演，还担任过该团的总务干事。经邓中夏介绍，杨钟健先后参加了少年中国学会和北京大学马克思学说研究会以及社会主义青年团，努力吸收新的思想和知识，积极从事进步活动。杨钟健和李大钊、邓中夏、毛泽东、恽代英、高君宇、黄日葵等有过交往，特别深受邓中夏的影响。他曾在自述中说：邓中夏“是影响我学生时代一切行动最深的一位，也是使我心中不断考虑，如何对国家的富强有所贡献的人”。1972 年 7 月，杨钟健出差到南京，专程去雨花台凭吊邓中夏烈士遇害的地方，伫立良久，不忍离去。他深切怀念革命前驱，始终以他们那种坚贞不屈的革命精神自励。

那时，杨钟健一方面刻苦攻读地质学，一方面时刻关心着家乡乃至全国政治斗争的形势。他以卓越的才能组织了陕西旅京学生的进步团体“共进社”，先后主编《秦劫痛话》《秦钟》《共进》等刊物。他写了100多篇文章，揭露政治的黑暗，宣传民主思想，唤起民众的觉悟。特别是《共进》半月刊，从1920年10月创办，到1926年9月被奉系军阀查封，前后达6年之久，在京、陕等地影响尤大，对于五四运动以后的反帝反封建斗争起了很好的促进作用。难怪有的反动派说：“大共（共产党）、小共（共进社），都是一共。”

杨钟健在北大地质系的第二年，美国哥伦比亚大学古生物学教授葛利普到校任教，讲授古生物学、地史学等课程，同时在北京作长期公开讲演，题目是《地球及其生物之进化》。杨钟健以极大的兴趣听葛利普的课，并为讲演担任记录。这使他对古生物学和地史学开始产生浓厚的兴趣。

杨钟健品学兼优，1923年从北大地质系毕业。为了充实学业，考察国外情况，并吸收革新的思想，他打算出国继续深造。在地质系主任李四光和家人的赞助下，他的愿望实现了。年底，他带着葛利普写的几封介绍信，从上海到了德国，入慕尼黑大学地质系古生物专业，随白劳里和舒罗塞学习。

德意志人是一个长于理论思维的民族，拜恩州的索伦霍芬附近又是发现具有重大意义的始祖鸟化石的地方。这两点给杨钟健留下了深刻的印象。他的导师白劳里是当时古生物学界权威学者齐特尔的高足，担任慕尼黑大学地质系教授，兼巴燕地质史及古生物陈列馆馆长。杨钟健受到白劳里的热忱接待，加上当地收藏丰富的古生物标本，使他打消了原定转学别处的念头，一直跟着白劳里学习了3年，从而奠定了他终生事业的基础。白劳里工作勤奋，态度严肃，虽然偶尔也有颇为诙谐的时候。那时第一次世界大战刚刚结束，德国战败不久，生活十分艰苦，但他的研究并未停止，朝夕在室内写作。一个星期之中，除上课及规定两次共两小时的会客时间以外，全在工作，这对杨钟健产生了深刻的影响。3年之中，他几乎全是在实验室中度过的。由于经济拮据，他节衣缩食，十分俭朴。尽管如此，最后一年还是在李四光和翁文灏先生的资助下才勉强支撑下来的。他刻苦学习，虚心求教，不放过任何机会。他很少同别人出去游逛，欣赏异国风光，但每次地质旅行总要参加。

与此同时，杨钟健没有忘记国内动荡的时局，经常和朋友们通信，议论改造国家的大事，还常常写些文章，寄到国内发表。他身在万里之外，心却同祖国人民的命运紧紧连在一起。不过，这也是一个让他冷静下来认真思考的时期。他已下定决心，要好好学习外国先进的科学知识，以便将来报效祖国。

1927年，杨钟健以优异的成绩通过毕业论文答辩，取得博士学位，他的论文《中国北部之啮齿动物化石》也用德文在《中国古生物志》上发表了。这篇研究我国北方的小型哺乳动物化石及晚新生代地层的论文，受到国内外学者的赞赏。这是第一篇由中国学者撰写的关于古脊椎动物学的学术著作，它向全世界科学界的同行们宣告：古脊椎动物学在中国诞生了！

二、奠基的年代

古脊椎动物学，是研究自约5亿年前古生代奥陶纪的原始鱼类至新石器时代绝大多数已经从地球上绝迹的脊椎动物的进化规律和有关的生物和地质现象的一门学科。

我国地处亚洲大陆东部，地形复杂，幅员辽阔，蕴藏着丰富的古动物化石，历代均有发现。世界上第一部古地理专著、我国的《山海经》一书中，就有所谓“龙骨”的记载。《史记·河渠书》也谈到战国时代临晋人民开渠打井“得龙骨”，“龙首渠”因此得名。历代以来，各地民间医生多以“龙骨”入药。其实这些都是上新统到更新统的哺乳动物化石，不过在人类还没有足够的科学知识的时候，只能靠猜测甚至以迷信的观点来加以附会和描述。

人类对化石系统而科学的认识，产生于近代以后。在达尔文进化论的形成和发展中，古脊椎动物化石研究曾经起了重要作用。从居维叶以比较解剖学的观点对古生物化石进行研究，从而奠定了这一学科的基础，到拉马克、达尔文提出进化论学说，再到海克尔的种系发生学，古脊椎动物学从零星的、附带的研究发展成为系统的、专门的学科。正是在一代又一代的人们对古今生物综合研究的基础上，勾画出了生物进化的科学谱系，驳斥了神创论以及形形色色唯心主义和形而上学的生命观，使人类的认识发生了质的飞跃。不仅如此，古脊椎动物学还为地质科学的发展、古地理和古气候研究、人类寻找和开发各种矿产资源，做出了重要贡献。随着研究工作的开展，古脊椎动物学家从欧洲走向世界，足迹遍布南美洲、北美洲、非洲、亚洲、大洋洲和南极洲。

早在19世纪中期至20世纪初，曾有英国、德国的学者专文论述中国的哺乳动物化石。大约1914年以后，欧美许多国家陆续有学者或传教士到我国采集和发掘古动物化石，如瑞典的安特生，奥地利的斯丹斯基，法国的桑志华、德日进等。1916年以后，美国、瑞典、法国又先后组织了考察团，多次到我国西部和北部调查、采集动物化石，其中不乏盗窃和掠夺的殖民主义行径。总之，在当时的中国，古脊椎动物学同其他科学文化事业一样，完全被外国学者垄断，有着浓厚的殖民主义色彩。正是在这样的历史条件下，杨钟健勇敢、坚定地走上了科学的征途。

杨钟健从慕尼黑大学毕业的时候，有的外国朋友劝他留在国外工作，说那里生活舒适，眼界开阔，容易取得成果，而中国太穷太落后了。杨钟健何尝不了解这一切呢？但他不仅是一个科学工作者，首先是祖国的忠诚儿女。他明确回答说：“中国穷是事实，落后也是事实，但那是我的祖国，绝不能抛弃，如同儿子不能抛弃母亲一样。”他把希望寄托在改革上，而科学又是改造国家的一个重要手段。他说：“只要全国齐心协力改革，穷和落后是可以改变的，我怎么能为了自己舒服不回祖国呢？”

1928年初，杨钟健取道西伯利亚回国，很快得到中央地质调查所所长翁文灏先生的荐举，任该所新生代研究室副主任。他代替李捷先生，指导已经开始的、后来震惊中外的周口店发掘工作。在丁文江、翁文灏等人的支持和推动下，杨钟健与加拿大学者步达生、法国学者德日进、德国学者魏敦瑞等密切合作，领导裴文中、卞美年、贾兰坡、李悦言等中国学者，取得了周口店发掘工作的伟大成就。1929 年冬，裴文中发现了第一个完整的“北京猿人”头盖骨，1936 年，贾兰坡又发现了三个头盖骨。同时，这里还发掘出一大批新生代动物化石、“北京人”和“山顶洞人”使用过的石器、骨器等，并发现用火遗迹。这一工作规模之大、收获之丰富，都是举世瞩目的。尽管那时主要研究工作在外国学者手中，但标本已不送往国外，中国学者也参加了大量研究活动。中外学者的工作对于中国猿人的解剖知识、猿与人的关系以及人类进化的整个分类多有阐明，具有划时代意义。中国猿人，被公认为当时世界上已知的最早的人类化石之一。不仅如此，在以后的数十年间，周口店还成为培育我国古脊椎动物和古人类学者的摇篮，成了对人民群众进行辩证唯物主义和历史唯物主义教育的一所不可多得的学校。

古脊椎动物学研究最基础的工作，是不断地野外考察、发掘，了解化石出产地的地质构造，掌握第一手资料。仅仅在实验室里坐享别人的成果，是决然做不出重大发现的。半个多世纪以来，杨钟健正是这样不畏辛劳，在这门学科领域的荒山野岭长途跋涉，努力攀登。在领导周口店发掘的同时，杨钟健开始对北方各地的考察，仅在 1929—1931 年，行程达 2 万余里。下面是一个简单的日程表：1929 年 6—9 月，到晋西和陕北作地质旅行；1930 年 4 月 23 日—5 月 22 日，参加中亚科学考察团赴东北作地质调查；1930 年 5 月 26 日—7 月 24 日，参加中美考察团赴内蒙古作地质调查；1931 年 5 月 12 日—9 月 4 日，参加中法科学考察团赴新疆作地质调查。

当时的中国，军阀混战，民不聊生，田园荒芜，交通阻塞。进行这样的考察，既缺少交通工具，也缺乏食品医药，有时还得应付考察团中某些外国人的捣乱。风餐露宿，备尝艰苦且不说，遇到变兵土匪甚至还有生命危险，但杨钟健仍以巨大的毅力乐此不疲。对祖国的热爱，对真理的追求，是他永不枯竭的动力。正因为如此，他在 1930 年 4 月同王国桢女士结婚九天后就参加了中亚科学考察团，从东北回来仅仅四天，又兴致勃勃地出发去了内蒙古。为了科学事业，他真正做到了人不解甲、马不卸鞍。通过这一系列的考察，他对我国北方的地质情况有了一个基本的了解，为后来的研究打下了扎实的基础。

抗日战争爆发前后，杨钟健对山东、山西、新疆、云南、四川等地许多脊椎动物化石的发现和研究做出重要贡献。1935 年，他发现了山东临朐山旺动物群化石。这里的中新世中期多种脊椎动物化石保存完好，处于呈叶片状的岩层中，被人们誉为“万卷书”，是学术界关注的一个重要地点。1936 年，杨钟健研究了王存义在山西武乡发现的几块二齿兽类腿骨，定名为中国肯氏兽。1938 年，在杨钟健的领导下，助手卞美年、王存义等人在云南禄丰发现大批晚三叠世的恐龙及原始哺乳动物化石，经过长期研究，他发表了《禄丰蜥脚类恐龙的初步研究报告》等一系列著名论文，从此，禄丰龙动物群闻名世界。卞氏兽的研究，还与确定爬行类向原始哺乳类的过渡有密切关系。1942—1943 年，在抗日战争最艰苦的时期，杨钟健参加了新疆石油调查队，为独山子、库车和阿克苏地区的填图找石油竭尽全力。同时，他还考察了天山南麓的白垩纪 – 新生代地层，也取得了很好的成绩。他在这个时期报道的四川上龙的发现，是关于我国水生爬行动物的第一篇论文。

这个时期，由于杨钟健和他所培养、团结的一批科学工作者的艰苦卓绝的努力，我国的古脊椎动物学研究有了初步的基础。杨钟健继承了我国古代学者的优良传统，读万卷书，行万里路。他走遍了黄河两岸、大江南北，在我国古脊椎动物学的发展道路上留下了创业的足迹。

三、乱离中的新眼界

1937 年 7 月，卢沟桥炮火连天，这场战争给中华民族带来空前的灾难。杨钟健怀着爱国者的满腔悲愤和救亡图存的决心，更加坚定地向前进。

就在这一年的冬天，协和医学院娄公楼新生代研究室来了一个自称“古生物学家”的不速之客，他是日本侵略军派来的。他装作态度恭敬，邀请杨钟健到东京“讲学”。这是一个危险的信号，也是杨钟健绝对不能接受的。在地质学界前辈章鸿钊先生的建议下，他由卞美年陪同，悄悄逃离北平，经长沙辗转来到大后方，先后在地质调查所昆明办事处和重庆北碚的总所工作。这是一个生活上更加艰苦、事业上更加困难的乱离时期。

战争形势日益恶化，杨钟健为国家民族的前途担忧，又深感报国无门：“河山半破碎，同道集三湘。杀敌无寸铁，救国空热肠。”他在长沙写的这首诗，准确地反映了那一代知识分子深沉的忧世爱国之情。

尽管形势险恶，条件艰苦，杨钟健并没有气馁，他和一批来到大后方的古脊椎动物学家一起，克服了重重困难，不知疲倦地工作着。他一到昆明，就四处奔走，苦心筹划，建立了新的班子，使研究工作逐步走上正轨，古脊椎动物的考察和发掘也很快取得了成绩。“三间矮屋藏神龙，闷对枯骨究异同。”如果说禄丰龙动物群的发现是在当时世界上最艰苦的环境中获得的最出色的科学成就之一，这是毫不夸张的。为了躲开日寇的狂轰滥炸，他们在昆明郊外的瓦窑村找了一所破败不堪的关帝庙，用泥巴糊住透风的墙壁，把垃圾扫除干净，又找了几个案子支起来，就开始工作了。杨钟健满怀热情地鼓励大家：“在这里开发西南红层的研究是很有希望的，禄丰盆地就是一个很有希望的地点。过去洋人因为人生地不熟，转了几次都没有找到什么化石。但我们耐心仔细地找，一定会有所发现。”以后的事实，证明了杨钟健的预言是何等的正确。

那时，住的是“危楼”，穿的是补了又补的衣服，用旧木箱当座椅，在油灯下看书、写作，他留在北平的 6 岁的儿子因为交不起住院费夭折……这一切，都未能使杨钟健稍有动摇。他始终保持着一个正直知识分子的骨气和坚毅向上的精神，一丝不苟地工作着。在最困难的时刻，他还鼓励别人：“要有信心，要向前看，就会看到希望，光明一定会到来的。眼前这点苦算得了什么？要相信咱们这么一个大国，这么多受难穷苦的人，只要觉醒过来，紧紧联合在一起，中国会翻身的。好日子还在后边哩！”这是杨钟健的肺腑之言，也是超出他专业范围之外却又十分准确中肯的又一个预言。人们由衷地敬佩他品德的纯正、眼界的开阔。

1944 年春，得翁文灏先生的推荐，杨钟健出国考察和讲学。两年时间，他先后在美国自然博物馆和大英博物馆做研究工作，同著名学者沃森、格雷戈里、罗默、辛普森、科尔伯特等共同探讨地质和古脊椎动物学。在英国，他把自己带去的在云南发现的化石同在英国发现的三列齿兽化石进行了比较研究，有了新的认识。他还在法国和瑞士的一些地方作过短期的学术访问。

“前去尽有新眼界，临行仍怜旧山河。”杨钟健出国期间，正是第二次世界大战就要结束的时候，中国也面临一个新的历史转折点。他身在欧美，然而魂牵梦萦的仍无时无刻不是灾难深重的祖国。在华盛顿参加庆祝希特勒覆灭的盛典时，他“看到人家的狂欢，也忘不了我们目下的痛苦”；身处瑞士和平美好的空气之中，一种“赏心乐事谁家院”之感又在他心中油然而生；看到洛杉矶自然博物馆和兰乔拉布雷阿的骨化石，他不禁想到了周口店，计划“将来亦可辟作公园，将各动物再造起来，亦为一有意义的工作”……

他对西方国家进步的科学技术，博物馆、陈列馆宏大的规模，学者们孜孜不倦的探索精神，都钦佩不已，希望中国也早日步入现代化国家的行列。面对西方的生活方式，他又始终保持着清醒的头脑，对当时国内一些盲目崇外的习气深表忧虑。他说：“我国摩登人士，近来对圣诞亦染了些习气，可见此等东西，我国人最易吸收，而对真正之科学气象如陈列馆者，亦只若有若无，取其皮毛，舍其精髓，如此洋化，前途亦大可忧也。”他提出的这个问题，至今仍有现实意义。

经过两年的游历，作了种种对比，杨钟健得出的结论还是乐观的，他有了新的眼界和新的希望。他指出：“悲观、颓丧是没有用处的。中国在科学上，在事业上，随处都是新眼界，新天地，正不必光羡慕人家的新眼界，而当开拓我们的前途。所谓困难，都是可以克服的。”

从国外回来以后，杨钟健正是怀着这样的愿望和决心，更加奋发努力地工作，而且坚持同国民党反动派对抗人民解放事业的行径作斗争，终于迎来了新中国的黎明。

四、“填三白，还三愿”

1949 年 12 月，正在南京的杨钟健接到了新成立的中国科学院副院长陶孟和、竺可桢的来信，聘请他担任中国科学院编译局局长。杨钟健高兴地接受了新职。

新中国的成立给我国科学事业带来了新生，古脊椎动物学也有了大步前进的可能。杨钟健多年的愿望就要实现了，而且这是第一次真正以中国科学事业的主人的身份来工作。他以巨大的热情投入新的战斗。

杨钟健精通英文、德文等多种外语，熟习拉丁文和希腊文，在编译局主要做的组织领导工作不是他的本行。然而，他深深懂得做好这件事对于我国科学事业的未来具有多么重大的意义，把这当作自己义不容辞的责任，做了大量开创性的工作，如规划出版中国科学院的综合期刊、组织科学名词的审定、调整并发展各研究机构和学会的出版物、培养青年编辑出版人才等。这一切，为我国科技编译出版工作和中外学术交流的发展打下了坚实的基础，其意义并不亚于他对古脊椎动物学研究所做的贡献。

不过，杨钟健最心爱的还是那些奇形怪状、斑驳陆离的“龙骨”。他同重新聚首的裴文中、贾兰坡、刘宪亭等人又一次勘察了周口店遗址，决定了新的发掘方针；同刘东生、王存义、周明镇等调查了山东莱阳新近发现的恐龙及其蛋化石。1953 年，由于编译局的工作初具规模，在杨钟健的建议和努力下，成立了中国科学院古脊椎动物研究室（1957 年发展为研究所），杨钟健也辞去编译局局长的职务，全心全意投入古脊椎动物学的研究和领导工作。从此，这门学科开始了一个前所未有的发展时期。

科学探索没有止境。杨钟健在新的历史时期给自己也给研究所的同志们提出了新的任务和更高的要求：“搞清四个来源，两种堆积，填三白，还三愿，把死物变活，和群众见面。”“四个来源”，就是要研究探索脊椎动物的来源、陆生脊椎动物的来源、哺乳动物的来源和人类的来源。“两种堆积”是土状堆积和红层堆积。“填三白”是填补地区的空白、动物门类的空白、地史阶段的空白。“还三愿”是为地质地层科学服务的愿望，为生物科学服务的愿望，为工、农、兵广大群众服务的愿望。这是一个宏大的计划，表现出杨钟健继续攀登科学高峰的雄心壮志，当然，也更需要脚踏实地的工作。

20 世纪 50 年代，杨钟健重点研究山东白垩纪恐龙动物群，包括青岛龙、鹦鹉嘴龙、成窝的恐龙蛋等稀世之珍，《山东莱阳恐龙化石》一书就是这一系列研究成果的总结。20 世纪 50 年代后期，在他的领导下，考察队在山西石千峰、石盒子、和尚沟、二马营等地发现了多种三叠纪爬行动物化石，从而建立了中国肯氏兽类动物群。1964 年，在对这一动物群研究的基础上，杨钟健在《中国古生物志》上发表了《中国的假鳄类》。20 世纪 60 年代，古脊椎动物与古人类研究所组织了几个考察队，赴新疆考察和发掘，开辟了三叠纪海相爬行动物研究的新领域，确定了新疆地区含四足类骨化石的四个层位，分别取得了二齿兽类、水龙兽动物群、肯氏兽动物群，以及某些迷齿类、假鳄类的重要发现。20 世纪 70 年代初，在新疆的一系列发现在世界上引起了巨大反响。这是因为，按照大陆漂移说，新疆地处南北两大陆缝合线以北，而这些动物群的性质和顺序与南非的发现一致，具有鲜明的冈瓦纳古陆色彩。这对于自 20 世纪 60 年代以来复活的大陆漂移理论来说，是又一个有力的证明。

这一时期，杨钟健根据新发现的准噶尔恐龙化石的特征，提出将翼龙目分为三个亚目的新见解，后来又对华南水生爬行动物作了一些重要研究。

在杨钟健和研究所同事的努力下，中国二叠纪及三叠纪爬行动物和恐龙动物群的发现和研究都有了巨大进展，不论地区、化石门类或新的层位，以及不同时代的动物群，都有很多突破，改变了 1949 年以前那种孤立、零散的状况。至于古哺乳动物，经过 30 多年的努力，也已初步确定新生代各个阶段代表性动物的特征，可用于洲际对比。更新世哺乳动物，同古人类及其文化的研究更有密不可分的联系。在这两个方面，我国新的发现也层出不穷，积累了丰富的资料和研究成果。

新中国成立后的 30 年，杨钟健作为这门学科的带头人和领导者，对我国古脊椎动物学的发展所起的决定性作用是不容置疑的。

我国古脊椎动物学的研究人员（包括辅助人员在内）从 20 多人发展至数百人，而且成为一个可用于攻坚制胜的老中青结合的完整梯队。杨钟健在 1957 年创办的《古脊椎动物学报》，是当时世界上关于古脊椎动物的唯一的专业期刊；他亲手创建的古脊椎动物与古人类研究所，在当时是世界上唯一专门研究古脊椎动物的研究所，现在则已成为世界上不能忽视的一个重要的研究中心。此外，在我国自然博物馆的建设和发展、向人民群众普及相关科学知识方面，杨钟健也付出了许多心血。

1956 年 4 月 20 日，59 岁的杨钟健光荣地加入了中国共产党。他决心在党的旗帜下，为社会主义祖国的繁荣富强、为共产主义事业贡献自己余生的全部智慧和力量。

五、“大丈夫只能向前”

杨钟健以毕生精力从事地层古生物的研究和教育工作，研究领域涉及地层古生物、古人类和考古学，完成学术论文 500 多篇，是学术界少有的著作等身的辛勤耕耘者。他一生研究、描述的脊椎动物化石（包括与别人合作的）有近 100 个新属，超过 200 个新种。他的工作为我国及亚洲古脊椎动物学奠定了基础，也为整个古脊椎动物学的发展做出了杰出的贡献。他是一位卓越的地质学家、古生物学家和教育家。他以丰富的学识为人民服务，赢得了人民的尊敬和爱戴，“龙骨大王”就是人民群众给他的称誉。在国际学术界，杨钟健也享有很高的地位和声望，他是英国林奈学会会员和北美古脊椎动物学会、莫斯科自然博物协会的荣誉委员和名誉会员。这些，他都是当之无愧的，也不是偶然得到的。

1948 年，杨钟健在为纪念葛利普逝世两周年写的《科学家是怎样长成的？》一文中，谈到作为科学大师必须具备的几个条件，第一点就是科学家的素养。他说：“科学大师需要高尚的素养，本人必须意志纯洁，以发展科学为己任，无有其他功利杂念”，“处事虚心，对科学研究，以真理为依归，不固执成见”，“对新进青年，能有热忱指导的耐心，循循善诱”……总之，“凡是一个伟大的科学家，也就是一个伟大的做人模范”。他说的是葛利普，他自己也完全是以这样的精神对待科学事业和为人处世的。

杨钟健是一个人民科学家，是一个忠诚的爱国者。从青年时代起，他就为民主和科学奔走呼号，为祖国的独立与富强奋斗不息。他的一生，有过好的机遇和顺利发展的时期，也多次身处逆境，忧患频仍，但他从不谋取个人私利，也从不在困难面前低头。他以“大丈夫只能向前”的豪言激励自己，孜孜矻矻，自强不息。在“文化大革命”中，古稀之年的杨钟健被戴上“反动学术权威”的帽子，受到批斗，但批斗会一完，他又回到办公室研究和写作，似乎只有这样，才能恢复心理上被打乱的平衡。上下班被禁止使用汽车，他就买了一张公共汽车月票，坚持每天到所上班。家被抄了，资料被查封，人被隔离，他就凭记忆写作。动乱的年月，痛苦的遭遇，看起来似乎没有尽头，一些人壮志消磨，一些人甚至丧失了生活的勇气，他却以惊人的毅力和顽强的意志写了 20 多篇文章。

“四人帮”被粉碎的 1976 年，杨钟健已经 79 岁高龄。他以无比兴奋的心情奋笔疾书，写下了这样一首诗：“年近八旬心尚丹，欲和同辈共登攀。应知世上无难事，记骨而今仍依然。”在八十寿诞的时候，他又把珍藏多年的一块鹅卵状雨花石拦腰锯断，送到荣宝斋，请人镌刻了四个大字：八十不老。是的，在工作面前，杨钟健忘记了衰老，不知道疲劳，仍然风尘仆仆，四处奔波。这些年，他先后去过杭州、南京，去过河北阳原泥河湾，去过山西许家窑，去过重庆、四川自贡和四川万县（今重庆万州区），还多次到北京西山。1978 年 9 月他 81 岁时还坚持去庐山参加第四纪冰川现场会议，并作了他一生中最后一次地质旅行。他实践了要“拼老命大干一场”的誓言，一直战斗到生命的最后一息。

杨钟健平生很欣赏德文中的 gründlich（意为“根本的”或“彻底的”）一词，无论做什么事，都认真负责，决不取巧，科学研究更是如此。他治学严谨，谦虚谨慎，从不自满。他曾说：“古生物学在科学中不过是一门自然科学，而我多年来从事的，仅是其中的脊椎动物部门，然已感到浩如烟海，自己能力不能全副贯通。”因此，“我也只有承认，只有自责，只有觉得自己能力还是很差”。他在四十自寿对联中写的“记骨廿载，爬哺莫能辨”，正是这种虚怀若谷的精神风貌的生动写照。正因为有这样的深切感受，对于那些从不认真学习一点东西，却自认为“什么都会”的“万能人”，他是深表怀疑的。在杨钟健的工作室里，悬挂着许多世界知名学者赠送给他的照片，这不是崇洋，也不是炫耀，而是为了时刻鞭策自己不要落在别人的后面。他深深地了解，我国古脊椎动物学虽然取得了许多重要成就，但由于种种原因，仍然落后于世界先进水平，我们需要继续努力，奋起直追。

杨钟健继承了教育家的家风，同时也像当年葛利普、白劳里、翁文灏、李四光、章鸿钊等中外前辈对他的关心和帮助一样，对青年科学工作者关怀备至，既严格要求，又循循善诱，诲人不倦，而且特别注意基本功的训练和独立工作能力的培养。他鼓励青年大胆创新，后来居上，又告诫他们一定要有充分的证据，全面分析不同的论点。杨钟健以自己光明磊落的人格、为科学献身的崇高精神，成为青年的表率，培育并影响了我国一代又一代的古脊椎动物学者。

1979 年 1 月 15 日，杨钟健因病在北京逝世，享年 82 岁。这是我国科学文化事业的一个重大损失。所幸的是，他是在严冬过后，在科学的春天中含笑离去的，而他的形象仍留在人们心中，召唤美好的心灵，鼓舞攻关的勇气。杨钟健的精神体现了现代中国知识界的一种堂堂正气，这种精神在以往的艰难岁月中不绝如缕，在我们未来的征途上一定会发扬光大！

（作者：刁培德）

杨维

新中国的第一代工程师和包钢的创建者

杨维

（1911—1964）

包头钢铁公司（简称“包钢”）是新中国成立后苏联援建的大型联合钢铁骨干企业。包钢的建成与发展，不仅完善了中国钢铁工业的合理布局、促进了新中国钢铁工业的迅速崛起，也使包头由一个工业基础薄弱的边陲小镇变成了一个以冶金、机械为主的新型草原大城市，这对于巩固国防、增强民族团结、发展边疆经济具有重大贡献。

新中国成立时全国的粗钢产量只有 15.8 万吨。1949 年修复后的鞍钢正式开工，开启了新中国钢铁企业发展长河的源头，1957 年全国钢产量达到 535 万吨，经历了钢铁工业的第一个发展黄金期。1956 年国家规划并开始建设“三大、五中、十八小”。“三大”指鞍钢、武钢、包钢，“五中”以山西太原、四川重庆等地的钢铁企业为代表，“十八小”是以河北邯郸钢铁厂等为代表的十八家企业。可是从 1957 年后半年起，正常建设被求快速发展的多快好省的技术政策所代替，技术发展以政治为纲领，提出了工业发展“以钢为纲”的口号，全民开展“大炼钢铁”运动，违背钢铁工业正常发展规律的技术政策，使中国钢铁工业付出惨重的代价。从新中国成立初开始到 1957 年“一五”计划完成时，中国的钢铁及钢材产量呈正常发展态势，逐年上升，取得了可喜的成绩。1958—1960 年，产量急剧上升，这是全民“大炼钢铁”的成果，仅仅是为了完成高额指标的产量，给中国钢铁行业带来沉重的教训，1961—1962 年钢铁行业经历了最困难时期，之后走上恢复发展的轨道。

杨维就是在这样的背景下作为新中国成立后第一代冶金工程师，担任工业部钢铁工业管理局副局长，成为负责包头钢铁基地筹备工作的首任经理。1953 年他带领全体职工平地起家筹备建厂，历经近 10 年的艰苦创业，一座草原钢城终于建成。这对包钢、对少数民族地区，甚至对中国钢铁工业的发展都起到了重大作用。本文依据包钢档案馆资料、杨维的手稿及回忆录等相关史料，特对他的生平事迹予以整理。他的成长，从侧面反映了在新中国本土成长起来的首批工程师赴苏联学成回国后，在复杂的国际国内社会政治环境下发展我国工业的艰难历程，也反映了一批工程师在艰苦的条件下建设我国工业的决心和付出。

一、早年经历及担任包钢首任经理

杨维原名王祖尧，于 1911 年[1]出生在吉林省双城县（今属黑龙江）小山子屯村的一户殷实人家，其父王振铎是清朝末年的秀才。他 6 岁入家塾读书，因其博闻强识颇得父母喜爱和亲友赞赏。1928 年杨维考入中苏合办的哈尔滨特别区立工业大学预科，教员都是苏联人，杨维在这里主要学习俄文，接受科学教育。当时他是学生代表，经常组织同学参加各种活动。翌年考入北平大学俄文法学院预

1　李刚（杨维的爱人）在《忆杨维》中提到杨维生于 1911 年;《本钢志》《包钢人物志》《包头科学技术志》等称他生于 1912 年，但又写道终年 54 岁。

科，在这里他读了许多革命书籍，包括俄文版《列宁全集》，1932年加入中国共产党，与李一凡等人建立起中共俄文法学院支部，开始了职业革命的道路，之后杨维一直担任各种领导职务。在担任中共北平市东区委组织部长时，他同煤矿工人一起下井挖煤，还开办工人夜校。1937 年杨维加入了抗日运动，为抗日战争中领导人民群众开展大生产运动、巩固和扩大革命根据地做了大量工作。抗战胜利后，杨维充分发挥工会、学联、妇联和中苏友好协会等群众组织的作用，为国家的革命事业开展各项工作，支持全国解放工作。1948 年东北解放后，杨维转到工业部门，投身于国民经济恢复和建设事业，在东北人民政府财经委员会工作。无论是战争时期还是战后建设时期，杨维都身担重任，体现出他的领导才能，为国家的事业辛苦奔波，贡献着自己的一份力量。

1948 年 11 月杨维被任命为本溪煤铁公司总经理及中共本溪市委常委，领导职工在战争废墟上建设人民钢铁企业。这一时期，他埋头苦学，每天只睡四五个小时，不辞劳苦，学习工业管理、冶炼技术，组织干部及技术人员参加夜校学习，钻研技术。在苏联专家协助下，快速恢复了高炉、平炉、铁矿等生产，重建人民的煤铁基地，培养出一大批懂技术、会管理的领导骨干。工程师靳树梁[1]曾是国民政府委任的公司总经理，杨维推荐他担任本溪煤铁公司的工程师，很快从本溪流出战后由中国人炼出的第一炉铁水。这些都反映

---

1 靳树梁（1899—1964）：冶金学家，炼铁专家，冶金教育家，中国科学院学部委员（1993 年改称院士）。

出杨维重视技术人才、培养技术人才的领导才能。“这是一副负重的脊梁，脊梁上驮着信念，驮着希望，驮着新中国钢铁工业的曙光，在苍凉的辽东山区的荒野上，踩着荆棘，踩着凄风苦雨，踩着严寒冰沙，踽踽而行……”这段话记录了他为新中国钢铁事业的发展所付出的艰辛。

1951 年东北工业部从冶金、煤炭、机械等行业的领导与技术干部中选出 100 多名去苏联实习。[1] 杨维负责带领钢铁组 25 人从莫斯科到乌克兰第聂伯罗捷尔任斯克钢铁厂实习。他先后担任炉前工、班长、炉长、技师、车间主任、厂长、总工程师及经理，掌握了冶金技术，积累了丰富的经验，此时他已成为一名专业的冶金工程师。1953 年春杨维回国，任重工业部钢铁工业管理局副局长，负责筹建包头钢铁公司。

杨维早期学习俄文及工业大学的背景，为从事冶炼工作打下了基础；在本溪钢铁公司（简称“本钢”）期间，他学习冶金工业的基础课和专业知识，积累管理钢铁企业的实践经验，为建设包钢奠定了扎实的基础；在苏联钢铁厂各岗位近两年的实习经历，使得他成为新中国成立后管理钢铁工业鲜有的内行、筹建包钢技术和管理的最佳人选，担任包钢首任经理，能够在引进苏联冶金技术的过程中直接与苏联专家交谈，学习苏联先进的生产经验，为后期开展包钢的建设工作打下了基础，成为第一代冶金工业的领头人。

1　李刚回忆说是 1950 年杨维带队去苏联深造，实为 1951 年。

二、在包钢创建初期的工作

杨维从 1953 年起着手领导包钢的筹备工作，主持厂区选址并参与了包头城市建设规划。此后，杨维领导了提供设计资料、集结建设队伍、审查初步设计、建立相关机构、培训干部和技术工人，以及开工建设、催调设计图与设备等一系列工作，使包钢如期进入大规模的建设阶段。

1. 负责领导筹备包头钢铁公司

1953 年 4 月 23 日，中央人民政府重工业部钢铁工业管理局在北京成立包头筹备组，该局副局长杨维负责筹备工作，具体事务由石景山钢铁厂设计处承办。杨维派人到包头成立办事处，地点设在今东河区和平路 155 号。办事处主要任务是集结人员，选择厂址，为包钢设计收集、提供有关资料。后经重工业部钢铁工业管理局批准，包头筹备组改名为“中央人民政府重工业部钢铁工业管理局五四钢铁公司筹备处”，包头办事处改名为“五四钢铁公司筹备处包头办事处”。

包钢筹备组在杨维的领导下，于 1953 年至 1957 年开展包钢建设的筹备工作，主抓生产技术准备和干部、技术工人培养两个环节。一方面，杨维带队选址，组织了地质勘探和科学工作试验、搜集和整理设计资料、委托和审查设计、搜集设备资料，进行设备订购工作、生产准备工作等，还进行了生产技术物资、技术资料等各项准备工作；另一方面，集结大量人才。1954 年 9 月 12 日统计，公司共有职工 10937 人，杨维选派了 357 人去鞍钢、北满钢厂、石景山钢铁厂、太钢、本钢学习。筹备组还开办技术工人学校，培养高级技术工人，派送部分人员去国外实习。在包钢筹建期间，一批满怀理想的干部、工人、农民、复转军人、知识分子等从各地云集包头，成为包钢最早的创业者。

2. 主持厂区选址，确立包头钢铁公司名称

杨维主持了包钢的厂区选址工作。历史证明，历经三次考察确定下来的包钢厂区是最优厂址。第一次粗勘后，杨维进行了第二次选址工作。1953 年 7 月，他与苏联列宁格勒设计院包头设计组总工程师安德列耶夫和其他 5 人，组成第三次厂址选择小组，确定乱水泉（今万水泉）、宋家壕、乌梁素海为预选厂址。1954 年 4 月杨维会同国家计委、中共中央华北局蒙绥分局、中共包头市委、重工业部等单位有关人员，及苏联包头设计组组长别良其克夫、总工程师安德列耶夫等苏联专家，共 25 人再次对三处待选址进行考察。这一时期，他因早年在监狱中染上的皮肤病恶化——大面积皮肤变色结成硬痂，无法坐下，只能站着工作，加上胃病严重，终于病倒。他仍硬撑着坚持工作，在进京汇报工作时才顺便检查了身体，被查出患有严重的肝脾症候群，医生建议马上手术治疗，但他坚持忙过这阵子再说，就又投入到紧张繁忙的筹建工作中了。经过对几处厂址各种经济技术条件的对比分析与研究，初步确定宋家壕厂址，其后，别良其克夫正式提交了《包头钢铁公司厂址选择建议书》。1954 年 6 月 5 日，经中央财经委员会批复重工业部，最后选定宋家壕为包钢厂址。包钢厂址在冶金史上一直被认为是我国大型企业厂址中建厂条件最优越的厂址之一。

1956 年杨维在《建设月刊》上发表了文章《包钢是怎样选择厂址的》，详细地介绍了从决定性技术经济条件出发选择厂址，根据原料和水源靠近厂址、交通便利、靠近城市、电源供给便利、便于与其他企业协作、公司继续发展不受限制等多种因素选出三种方案，详细比较，最终确定厂址的全过程。这篇文章很好地反映了杨维的工程师思想。他不仅技术专业，精益求精，还谦虚好学，他特别强调选择厂址是集体劳动的成果。他指出：党的领导与支持是工作顺利进行的有力保证；必须取得相关部门的配合、协作，才能完成计划；学习苏联的先进经验，向苏联专家学习，“把他们先进的技术经济思想贯彻在选择厂址中，对我们的帮助很大”等。如果没有这样的管理经验和协调能力，很难管理好这样一个大企业。杨维充分展现了他作为技术专家型领导的才能。

1953 年 12 月，重工业部向国家计划委员会呈送了《关于包头钢铁公司工作情况报告》，报告题目及内容中首次出现“包头钢铁公司”的称谓。1954 年 3 月杨维向重工业部钢铁工业管理局报送了《关于改“五四钢铁公司筹备处”为“包头钢铁公司”的请示》，获得批准。5 月 1 日，五四钢铁公司筹备处正式改名为“包头钢铁公司”。1956 年 6 月 20 日，包钢由“重工业部包头钢铁公司”改称为“冶金工业部包头钢铁公司”，并任命陈守中为中共包钢委员会书记，正式任命杨维为包钢总经理（实际从 1953 年就开始任职）。

3. 带领职工进入大规模建设

在杨维的带领下，在短短 3 年的时间里包钢的筹备工作基本完成，附属企业生产基地、一定数量的职工住宅建设均已完成。1957年7月25日是包钢历史上具有里程碑意义的一天，包钢建厂开工典礼在昆都仑河西岸机械总厂铆焊车间举行。杨维在基地上挖开了第一锹土，3万多名建设大军云集昆都仑河畔、白云鄂博铁矿等地，包钢从此进入大规模施工阶段，正式开始生产厂矿的建筑安装工程。

杨维对当时包钢的建设任务与存在的问题有着清醒的认识：包钢当前的建设任务是重大的，而国家的投资是有限的，应尽量设法少花钱，在保证质量的前提下按计划完成建设任务；技术设计、施工图纸有些要修改，设计院有的专业力量又不足；原材料不够，而需要紧迫；设备订购情况与建设进度要求有些不相适应；职工中绝大多数人是外来的，而福利设施的建设不能满足需要；协作部门的工作步骤需要进一步统一。杨维在开工典礼大会上的开幕词中两次强调要在保证工程质量前提下尽量节约，按期或提前超额完成任务。他一直坚持按科学态度办事，实行工作责任制，保证了基建工程紧张有序的进行。

1958年，包钢大规模建设遇到国内设备和物资供应吃紧问题。杨维多次派人分赴有关部委、省市、重点订货单位请求支援，但紧张局面未能减缓，而且问题愈发严重。包钢不少工程由于缺设备、缺材料，放慢了施工进度或被迫停工。因此，杨维向内蒙古自治区政府主席乌兰夫汇报。1958年7月，乌兰夫分别致函山西省委书记陶鲁茄、河北省委书记林铁、辽宁省委书记黄火青、黑龙江省委书记欧阳钦、湖北省委书记周小舟、安徽省委书记曾希圣，吁请各省按照中央平衡分配的时间，按期或提前交付包钢的订货。乌兰夫还致函冶金工业部部长王鹤寿，请求帮助协调解决包钢的问题。11月1日，内蒙古自治区党委就支援包钢建设问题，向中央呈报了《请求中央对包钢建设加强领导给予支援》的紧急报告。报告认为，对包钢的设备订货，“如果没有中央主管部门对各省（市）进行统一的平衡安排，只靠内蒙古或包钢派人联系，难以奏效”。11月26日，乌兰夫就包钢自1953年选厂址以来建设的总体情况和存在问题，专门向中共中央和毛泽东主席写了报告，请求中央将包钢的建设列为专题解决，协调全国各省（直辖市、自治区）支援包钢。1958年11月28日至12月10日，中共中央八届六中全会期间，乌兰夫就包钢建设中的紧迫问题，再次向中共中央和毛泽东主席作了汇报。周恩来总理按照毛泽东主席“要想办法为包钢解决问题”的指示，专门召见了包钢总经理杨维，详细询问了包钢的困难。全会很快做出了“在全国统一计划下，保证重点，照顾一般，把包头作为国家建设的重点地区”的决定。会后，中央各相关部委、各省（直辖市、自治区）行动起来，研究解决支援包钢的问题。1959年1月9日，内蒙古自治区带头做出《关于加强包钢建设的领导和支援工作的决定》，号召全区党政机关和各族人民、国家干部、建设包钢的全体职工，贡献自己的一切力量支援包钢。1月19日，《人民日报》在第一版发表了《保证重点，支援包钢》的社论，并以《包钢为全国，全国为包钢》为题，报道了包钢100多个工程项目加紧建设和鞍钢支援新基地的情况。1月31日，乌兰夫向邓小平、薄一波等中央领导人转交了《包钢请求解决包钢建设紧迫问题的报告》，邓小平随后作出批复。2月2日，华北协作区委员会作出《关于加强支援包钢建设工作的决议》。决议指出，包钢迫切需要全国的支援，特别是华北各省（直辖市、自治区）的大力支援，各有关部门和所属企业必须把支援包钢的任务摆在首要地位。由于乌兰夫不遗余力的努力，全国各地掀起了支援包钢建设的高潮，大大加快了包钢的建设进度。

4. 攻克难关建成新中国第一高炉

包钢一号高炉原计划在1960年与选矿烧结厂同时建成。后来在苏联专家的帮助下，经过工业试验，证明在选矿烧结厂未建成前，富矿可以直接入炉。在“大跃进”的形势下，包钢职工干劲冲天，提前一年建设成这座1513立方米的当时中国最大的高炉，向新中国成立十周年献礼。

1959年8月，包钢一号高炉建设接近尾声，从黑龙江富拉尔基运来的高炉料钟拉杆却在运输过程中撞弯，无法安装。专家认为必须拉回原厂重新加工。可是如果回厂重新加工，国庆十周年包钢出铁计划将被打乱。杨维提议就地修理，苏联专家认为不可能，便不再过问。杨维积极与冶金部联系，部里派来了西安冶金机械厂的回纪胜同志和一位工程师，在短时间内修复了拉杆。9月25日，包钢一号高炉点火之际，杨维宣布：“一切准备就绪，高炉开始点火！”9月26日[1]，包钢一号大高炉胜利出铁。

10月15日，周恩来总理亲临包钢，为一号高炉出铁剪彩。出

1 李刚回忆是9月1日高炉出铁，实为9月26日。

铁典礼结束后，杨维向周总理汇报了包钢建设现状和远景发展规划。《内蒙古日报》社论指出：“一号高炉出铁，标志着以包钢为中心的包头工业基地建设进入一个新的阶段，即建设和生产并进的阶段，是内蒙古自治区工业发展史上的一个里程碑。”

在这一时期，国家路线、方针符合实际是钢铁行业健康发展的前提。在苏联援建包钢的建设中，杨维作为一个懂技术的管理钢铁工业的内行在正确的政策领导下发挥着专家的作用。他参照苏联的管理经验，建立起一套经营管理制度。从 1953 年杨维提任包钢筹备组组长开始，一直到 1957 年包钢建设，各项工作安排科学合理，正常有序进行。首先，在苏联的帮助下，进行了选址、厂区勘测、设计审查、调集培训技术干部和工人、生活基地和施工基地建设等工作，当时条件很艰苦，但是工作循序渐进，按部就班，符合建设程序，使包钢进入大规模建设阶段。《人民日报》《内蒙古日报》对包钢一号高炉从破土动工到出铁的整个建设过程进行了多次报道。包钢建设代表着中国钢铁工业迈出了新的一步。其次，杨维很重视对技术骨干的培养，多次选送干部和技术工人到鞍钢、北京钢铁学院、东北工学院等地培训学习，实践锻炼，在实际工作中向苏联专家学习，但不迷信苏联专家。这些行为不仅为包钢后期的生产建设培养了一大批工程师和技术工人，也奠定了钢铁技术自力更生的基础。

1957 年下半年到 1960 年，包钢建成了原料基地和非标准设备加工基地，从黄河水源工程到炼铁、集化、洗煤、厂区运输等工程全面展开，新中国成立十周年时顺利出铁，包钢进入边生产边建设的阶段。

在“大跃进”“大炼钢铁”“反右倾”等一系列政治运动中，包钢的正常建设被打乱了，杨维因反对盲目修改包钢设计被打成了“右派”。后来，国家根据“调整、巩固、充实、提高”八字方针，重新提出符合社会发展需要的实事求是的路线，钢铁行业才进入正常发展的秩序。1962 年，杨维获得甄别平反，恢复名誉和一切职务，后调任冶金工业部科学技术办公室主任、中国金属学会副理事长，继续为苏联撤走专家后的各项事宜操劳。1964 年 2 月 2 日，杨维病逝于北京。按照杨维遗嘱，中国医学科学院实验医院研究所对他献出的遗体进行了病理解剖，发现他患有粗结节性肝硬变、慢性肝周围炎等 18 种疾病。2 月 6 日，冶金工业部为杨维举行了公祭，将其骨灰安放在北京西郊八宝山革命公墓。

三、结语

在内蒙古自治区建设包头钢铁基地，是国家调整工业布局、实现经济战略西移的重大举措，对繁荣少数民族地区经济有深远意义。包钢的建成结束了内蒙古“手无寸铁”的历史，形成了鞍山、武汉、包头三大钢铁基地鼎足而立的局面。内蒙古自治区的冶金工业，以包钢为中心，从无到有发展成为铁、钢、钢材、焦炭、铁矿石及其他辅助原料矿等冶金工业体系，并且促进了工业各机械、军工、煤炭、电力、交通运输、建筑等行业的建设与发展。为建设包钢建成的京包、包兰等铁路及通往北京、银川的若干条公路，使包头成为联结华北、西北地区的枢纽。苏联援建的“156 项工程”中有 5 项安排在包头，除包钢外，还有第一机械厂、第二机械厂，这促使包头形成兵器工业基地，为包钢配套建立第一热电厂、第二热电厂，促进了电力工业的发展。包头新市区随着包头钢铁工业基地的建立逐步发展起来，形成一个以钢铁、机械为主体的新兴工业城市。包钢对新中国钢铁事业的发展功不可没，而包钢的建设离不开首任经理杨维做出的巨大贡献。从外行到内行，从业余到专业，他作为新中国的第一代冶金工程师兼技术专家型的领导，在包钢的早期建设过程中起着至关重要的作用。正是因为有这样一批工程师的存在，新中国的现代工业才能在短时间内快速建立。2012 年包钢以企业开拓者和劳模名字命名道路，其中一条是杨维路，以纪念他开拓包钢事业之功。

（作者：武月清　仪德刚）

叶笃正

青藏高原气象学的奠基人[1]

叶笃正

（1916—2013）

1　本研究受到科技部重大专项“创新方法普及与培训工作方略研究”（2008IM020300）资助。

1950年8月，一艘搭乘了120多名中国留美学者的客轮正缓缓从美国开往中国香港，这艘船就是“威尔逊总统”号。在这批留学生中有一位刚过而立之年的气象学研究者，他身材瘦高，气宇轩昂，这位学者的名字叫叶笃正。此刻，他正和他的妻子——同样是从美国归国的学者冯慧女士，站在甲板上仰望苍穹，他们也许还不知道这艘船将带他们驶入事业和人生的新起点。

提起叶笃正这个名字，公众也许比较陌生——气象学这门学科的确是一门公众并不熟知的领域。但是在中国乃至国际气象学界，叶笃正所做的研究的开创性贡献是世人所公认的。叶笃正的整个学术生涯都立足于国际前沿。20世纪50—60年代，他致力于大气运动基本规律的研究，例如长波理论、大气运动的适应理论和大气环流的突变理论。这些都是国际大气科学的前沿问题。20世纪60—70年代，他把研究精力重点放在对气候系统基本特征的研究上，青藏高原气象学、路面工程等都是国际气候研究的前沿。从20世纪80年代开始，叶笃正带领科研人员从事全球变化科学领域的开创性工作，成为国际上这一领域的开拓者之一。他的学生符淙斌在叶笃正2005年度国家最高科学技术奖报奖、答辩过程中总结叶笃正的成就，认为他在国际前沿的工作不是跟在外国人后面的所谓“同国际接轨”，而是做出了系统的原始创新成果，在国际同行中间也得到了认同，从而成为这些前沿领域科学成就的重要组成部分。叶先生提出的大气长波频散理论与罗斯贝的长波理论、查尼的长波不稳定理论被称为长波理论的三个里程碑；他和同伴先于西方科学家 10 余年提出大气运动适应理论，并解释了东亚大气环流的突变现象；他还领先国外 15 年注意到阻塞高压与天气的联系，并对其做出了令人信服的解释。

一、功崇为志，业广为勤

1. 叶笃正的人生经历

叶笃正于 1916 年 2 月出生于天津一个亦官亦商的富裕家庭，从小接受传统文化教育。叶家祖籍安徽安庆，世代官宦。叶笃正的父亲叶崇质历经社会动荡和官场腐败后，辞官去天津开工厂、办实业。实业家身份的叶崇质不认可新式教育，提倡家庭式的国学教育，请来私塾先生在家里教授叶家的孩子们“四书”“五经”。因此，对于传统经典，叶笃正从小便能够熟记并背诵。私塾教育使叶笃正自幼就深受中国传统文化的熏陶，也使他在此后面临人生抉择时，都葆有儒家传统“忠”的思想。

（1）南开中学求学经历

叶笃正于 1930 年进入南开中学学习，开始全面接触和认识社会，这里是叶笃正学术思想启蒙的地方。南开中学 1935 级校友中，有叶笃正、关士聪、申泮文三位中科院院士和一位美国工程院院士刘维正。南开中学是由我国著名爱国教育家严修和张伯苓于 1904 年共同创办的。张伯苓校长鼓励学生注重实用的知识和技能，鼓励学生积极地认识社会，反对死读书、读死书而对社会一无所知的倾向。叶笃正认为当时南开中学对他最重要的影响体现在两个方面——热爱祖国和热爱科学。无论是跟随老师去山东曲阜孔庙寻觅中国文化之源流，还是在张伯苓校长的带领下结交爱国将领，都给中学时期的叶笃正留下了深刻印象。而南开中学当时的理科水平无论在师资队伍上还是在教育理念上都是超前的，当时在南开中学任教的老师杨石先、姜立夫、张信鸿等影响了一代人。当然，南开中学在英语方面的早期教育也为叶笃正日后赴美深造奠定了良好基础。南开中学的教育思想可以用八个字来概括——“允公允能，日新月异”，这也给就读于南开中学的学生们带来长久不衰的影响。虽然这个时期的叶笃正还没有从学习期迈向研究期，但这种早期启蒙对他后来的学术热情和科研能力都产生了潜移默化的影响。

（2）从清华大学到西南联大的学术选择期

1935 年叶笃正考入清华大学物理系，七七事变之后赴长沙“临大”（清华大学、北京大学、南开大学三校合称“临大”），之后于 1938 年随同学和老师赴西南联大，正是在这个时期他作出了学术生涯中的重大选择，在乒乓球台前听取学长钱三强的建议，放弃物理学，选择气象学。这个选择是他从学习转向研究的开端。叶笃正能选择气象学这个研究阵地，可以说与钱三强的指引是分不开的，这也是当时所在的学术共同体给他的科研之路打上的深刻烙印。虽然在大学期间叶笃正的学术生涯并没有真正展开，但是确定了未来研究的方向，正是这个目标的确立，使其后来在浙江大学专业领域的发展成为可能。一个人对学术领域的选择体现了他的学术旨趣和学术品位，这与他所处的环境有着不可分的关系。

（3）浙江大学学术萌芽期

叶笃正于1939年从西南联大毕业，并于第二年考取了浙江大学史地系的硕士研究生。浙江大学在遵义、湄潭等地办学7年，叶笃正在硕士期间除去本科常规学习，如阅读文献和听课等，还得到参加专业学术演讲和聆听研究报告的机会。在浙江大学期间，他师从著名气象学家涂长望，后由物理学家王淦昌先生指导其硕士论文。由于王淦昌先生重视观测，叶笃正在老师的影响下开始独立观测和整理数据。王先生不但为叶笃正拟定了硕士论文的研究方向，还为叶笃正的观测选择了合适地点并建立工作场地。由于当时研究环境所限，王先生教叶笃正修理已经损坏的实验仪器，还教叶笃正整理相关参考文献的方法。当时叶笃正每天上午都会在先生的要求下准时观测湄潭1米高的大气电位变化，记录各种天气变化对电位的影响。在这样的环境下，叶笃正顺利完成了硕士学位论文《湄潭一公尺高之大气电位》，这奠定了他走向科学研究的基础。这篇论文受到王淦昌、涂长望的一致好评。从美国留学回国后，叶笃正在老师涂长望（时任军委气象局局长）的引领下走向气象学的工作岗位。从清华大学到浙江大学，这个阶段对叶笃正的学术生涯起到了至关重要的作用。从浙江大学毕业后，叶笃正在专业领域有了一定的基础和造诣，正是硕士阶段的专业研究习惯和扎实的科研基础，为他毕业后在芝加哥大学的研究提供了可能性。自此，叶笃正由一名大学生成长为一名具有独立研究能力的专业科学研究人员。

（4）芝加哥大学学术锻炼期

1945 年，叶笃正赴美留学，来到当时气象学界的中心地带之一——芝加哥（另一个是瑞典）。由于这里是当时气象学界的中心，所以世界各地的优秀学者云集在世界气象学大师罗斯贝教授的实验室。当时的叶笃正与皮耶克罗斯、帕尔门等气象学界的泰斗人物都有很多交流。而罗斯贝的实验室也云集了查尼（第一篇数值气象预报论文的作者）、N. A. 菲利普斯（第一篇大气环流数值试验论文的作者）、牛顿、赫斯、克雷斯曼、里尔、普拉茨曼、本顿等，他们当时都是叶笃正的同事。有资料显示，当时罗斯贝把一些重要的课题交给叶笃正主持完成。叶笃正在美国留学期间，还是学生的他已经是多篇重要学术论文的作者。他在博士论文中提到的“长波能量频散理论”发展了罗斯贝教授的“大气动力理论”，使他在国际气象学界崭露头角，并于 1948 年获得芝加哥大学博士学位。在芝加哥大学期间，叶笃正受到导师罗斯贝的影响主要体现在两个方面。首先是生活方面的影响。罗斯贝教授是美籍瑞典人，在美国气象学界取得了巨大的成就。但他还是选择于 1947 年回到他的祖国瑞典工作，这件事发生在叶笃正回国工作的前几年里，可以看出这件事对于叶笃正的影响。叶笃正回国计划的实施也得到了罗斯贝的帮助。事实上，如果不是 1950 年顺利登上“威尔逊总统”号，叶笃正也会在老师的安排下从瑞典辗转回国。1949 年，在美国《气象杂志》上，叶笃正发表了他的第一篇意义重大的学术论文《大气中的能量频散》，该文章被公认为动力气象学领域的经典著作。1950 年，回到祖国的叶笃正为中国气象学界增添了新鲜血液，成为继竺可桢、赵九章之后新中国的杰出青年学者。其次是学术领域方面的影响。罗斯贝回到瑞典后任斯德哥尔摩气象研究所主任，全身心投入欧洲数值天气预报实践中，并往返于美国和欧洲进行学术交流。叶笃正在回国后倡导数值天气预报，就是深受其老师的影响。奠定叶笃正研究基础的第一篇文章《大气中的能量频散》也正是沿着罗斯贝研究的方向进行的。

（5）回国后学术成熟期

回国后的叶笃正最初打算回清华大学工作，但是导师希望叶笃正到中国科学院地球物理研究所工作。他采纳了导师的建议并很快投入工作中。在中国科学院，他曾经担任地球物理研究所室主任、大气物理研究所所长和中国科学院副院长等职务。叶笃正在国内的气象学研究处于起步阶段之时，在实验室的科研条件还比较落后的情况下克服了各种困难，带领同事们绘制出了第一张手绘高空天气环流图。在他的带领下形成了气象学实验室叶（叶笃正）、顾（顾震潮）、陶（陶诗言）、杨（杨鉴初）“四大金刚”的气象事业辉煌期。以叶笃正为首的这四个人在学术上取得了巨大成就，在1957—1958年，叶笃正有3篇论文发表在国际著名气象学杂志《忒耳斯》（*Tellus*）上，受到国际气象学界的一致认可。在大气物理研究所，叶笃正进入了他的学术爆发期。1956年，他和杨鉴初、高由禧等共同出版了专著《黄河流域的降水》。1957年，他在日本杂志《气象集志》上发表《论大气中准地转的形成》，提出大气中适应过程的尺度理论，并同陶诗言、顾震潮等同事一起完成东亚大气环流的研究。叶笃正也是在这一时期和高由禧等人共同完成了《青藏高原气象学》的撰写工作。这本著作在我国乃至世界气象学界产生了巨大影响，这成为叶笃正科研事业的重要转折点。在此之后，叶笃正又和同事们共同完成了很多研究工作。1978 年，叶笃正任中国科学院大气物理研究所所长。

2. 叶笃正所获学术荣誉

叶笃正是国际大气科学界屈指可数的数位学术巨匠之一，也是我国大气科学界及全球变化研究领域的一代宗师，为全球变化、大气环流和气候变化研究做出了重大的开创性贡献，在全球变化研究领域有系统创见。由于叶笃正的杰出贡献，他于 1987 年获得国家自然科学奖一等奖，于 1995 年获得第一届何梁何利基金最高奖项科学与技术成就奖和陈嘉庚地球科学奖。2004 年被世界气象组织授予第 48 届国际气象组织奖。他获奖的理由包括以下几个方面：首先是叶笃正对建立青藏高原气象学的贡献；其次是他对大气环流突变的发现；再次是他提出了大气能量频散理论；最后是他对全球变化研究和有序人类活动对全球变化影响的适应研究的倡导等。由此可见，青藏高原气象学的建立是叶笃正最为瞩目的学术贡献之一，他开辟了一个新的领域。这是我国第一位气象学家获此殊荣。也因为上述贡献，他获得了国家最高科学技术奖。

二、高原气象，研为新用

1. 叶笃正创立青藏高原气象学

青藏高原是世界最高、地形最复杂的高原，面积约 250 万平方千米——约占我国国土总面积的 1/4，平均海拔 4000 米以上，其中珠穆朗玛峰海拔 8848.86 米。青藏高原地区有着独特的天气、气候和环流，由于巨大的地形屏障对气流的强迫绕流、爬升和摩擦等作用，以及在对流层高空的冷热源作用，它对东亚、北半球甚至整个地球的气候都有重要的影响。在中国，高原气象学已经成为专门研究领域。

叶笃正对青藏高原气象学的一系列开创性贡献为这一学科奠定了坚实基础，他和德国气象学家弗洛恩分别提出青藏高原在夏季是一个巨大的热源。正是他的这一研究使国际气象学界接受大地形热力作用这一全新概念。1979 年叶笃正、高由禧等人撰写的《青藏高原气象学》出版之后，我国分别于 1979 年、1998 年夏季进行两次大规模的青藏高原气象科学实验，并为我国乃至世界研究青藏高原气象揭开新的一页，具有划时代意义。

青藏高原气象学，是研究平均海拔高度在 4000 米以上的中国青藏高原这个特殊地区气象状况的学科。研究内容主要包括：①研究青藏高原上特殊的天气和气候规律，高原天气系统的生成、移动和演变特征，提高预报准确率；②研究高原的热力和动力特性对东亚大气环流甚至整个北半球大气环流的作用，以及高原对下游地区天气、气候的影响。这些研究为中国天气预报和数值预报提供物理依据。随着观测手段的改善，高原气象学的研究已取得较大进展，逐渐成为气象学的一个重要分支。

2. 研究青藏高原气象学的理论和实际意义

青藏高原产生巨大的动力作用和热力作用，对大气环流演变有极其重要的影响。叶笃正在研究中国乃至东亚气候的过程中，注意到青藏高原这一高耸的地形屏障不仅在高原地区形成了相对独立的天气气候单元，还对东亚乃至全球的大气环流和气候产生很大影响，于是开始研究青藏高原气象学。青藏高原气象学研究青藏高原及邻近地区气流运行、天气和气候变化的规律，也研究青藏高原对亚洲乃至全球大气环流和气候的影响，是具有明显地域性特色的大气科学分支领域。由于青藏高原气象学具有良好的理论基础，国际学术界相继开展了大量研究并在此基础上取得了很多重要成果，这些成果使学术界逐步认识到青藏高原在全球范围内对环境变化的作用和意义。

青藏高原气象学是青藏高原科学研究中最具特色与活力的一个领域。青藏高原作为一个隆起的台地，通过其动力和热力作用，影响着大范围天气气候和环境的变化。同时，青藏高原周边地区作为高原的重要组成部分，在对流活动生成与发展东移、大气能量、物质交换和平衡过程中也具有关键作用，并影响着天气、气候预测的精确度。尤其高原东坡地区，主要由陡峭山地构成，紧接川渝盆地，这种高原大地形背景下典型的“山地－盆地”区域特征具有重要和独特的科学意义。青藏高原地区既是我国天气、气候与生态环境变化的敏感区，又是我国天气、气候与生态环境异常的“强信号区”，对于经济社会发展、国家安全与可持续发展都有巨大的影响。叶笃正的青藏高原气象学研究开拓了一个全新的研究领域，也吸引了国内外大量的大气科学工作者。叶笃正和他的学生们应用更新更可靠的资料，比较了青藏高原和北美洲落基山脉对大气环流影响的异同，发现夏季高原东、西部各有一个对流活动中心，这验证、充实了他们之前的观点和研究结果。叶笃正所在的学术团队还深入研究了青藏高原和落基山对北半球气象要素遥相关的重要影响。叶笃正对于青藏高原气象做出了卓越贡献，其丰富的研究成果充实了世界气象科学宝库。

3. 叶笃正对青藏高原气象学理论的开创性贡献

（1）冷源、热源说的建立

在 2003 年的《世界气象组织通报》上，叶笃正是提出“世界上最大的高原在夏季是热源、在冬季是冷源”的第一人。对于青藏高原气象学，叶笃正的最大贡献之一也是他关于冷热源的研究。

20 世纪 50 年代，研究者普遍着眼于高原的动力强迫作用。叶笃正在 20 世纪 50 年代初期提出“青藏高原在夏季是一个热源，在冬季是一个冷源”，并对夏季青藏高原热源及其对东亚大气环流的影响进行了深入的研究。正是他的工作，使国际上逐步接受了高原热源影响的概念。1957 年，叶笃正、罗四维、朱抱真在《气象学报》上发表了文章《西藏高原及其附近的流场结构和对流层大气的热量平衡》，首次提出“西藏高原夏季是一个热源，冬季其东南角有一部分是热源，其他地区可能是冷源”的推断。该文首先对冷热源的概念加以解释，指出之前该定义的偏颇之处，并指出：一个经常供给空气热量的区域为热源，一个经常自空气取出热量的区域为冷源。他们得出的结论是：形成这些热源、冷源的热量得失将由辐射、湍流和凝结、蒸发等净热量贡献出来。叶笃正等人应用高原上地面的地温和气温材料，估计出地面对大气湍流加热。最后他们得出结论：高原地区在夏季肯定是一个热源；在冬季，高原东南部是热源，其他部分可能是冷源。

1979年出版的《青藏高原气象学》从冷热源作用的角度深入研究了青藏高原对天气、气候的作用，分析并区分了冷热源的两种定义——地面冷热源和大气中的冷热源，从地面湍流感热输送、地面蒸发潜热、有效辐射等几个方面讨论了地面冷热源，并得出“全年从高原地面都有不同形式的热量向大气输送”的结论。就全年论，以湍流感热输送为最大，有效辐射次之，蒸发最小。在夏季的7、8月，地面的蒸发潜热最大，也比湍流感热小得多。其余的月份，从地面输送的蒸发潜热可忽略不计。在冬季则以地面有效辐射为最大，湍流感热输送次之。高原供给大气的总能量以春末夏初为最大，最小月份是12月。从冬季到春季，总能量的输送有个迅速的增长，这种增长来自湍流感热输送。高原地面向大气输送的热量并不是全部都能用于高原大气，如大部分的蒸发就不会在当地凝结。真正用于当地大气的热量收支有5种：来自地面的有效辐射，来自地面湍流感热输送，来自太阳的短波辐射，来自当地的降水凝结潜热，来自大气顶的向外长波辐射。这5种之和称为大气的冷热源。全年平均，高原地气系统每平方厘米每天向四周大气输送约80卡的热量，所以就全年论高原地气系统是个热源。冬季（11月—次年2月）是个冷源，强度1月、12月最大，每平方厘米每天要向四周大气吸取140—150卡的热量。春夏季是个强大的热源，最强的6月每平方厘米每天要向外输送约210卡的热量。

（2）对青藏高原动力学问题的研究

叶笃正对青藏高原动力学问题也进行了详尽而系统的论述和分

析。青藏高原的天气、气候较之同纬度地区有着明显的独特性。这些特征都同青藏高原的动力作用和热力作用有关。我国大范围和长时期的干旱、洪涝以及小范围和短时期的暴雨、冰雹都与青藏高原的热力作用和动力作用有关。高原的热力作用对东亚、热带及全球大气环流产生巨大影响，并导致天气和气候的变化。叶笃正指出高原的动力作用包括机械作用和摩擦作用两种。机械作用指：冬季，当西风气流经过高原时，6 千米以下的迎风面被迫明显地分成南北两支，沿地形等高线而绕流。到达高原背风面之后，这两支西风重新汇合，形成了高原地区对流层中低空极为明显的北脊南槽的环流形势。夏季，当东风气流经过高原时，虽有分支绕流的现象，但不如冬季明显。青藏高原的摩擦作用也是个重要问题。摩擦作用加大了高原有效的高度和有效的大小范围，也就加大了高原的动力作用。

20 世纪 70 年代，在叶笃正的引领和指导下，气象科学家们在旋转流体中模拟了青藏高原对环流的影响，有纯粹的动力作用、热源作用和冷源作用。实验中，很多重要现象被这个简单旋转的圆环模拟出来了。通过这些实验，人们对东亚环流在季节变化中不少现象的内在联系有了比较深入的了解。

（3）将青藏高原比作热带海洋

在《青藏高原气象学》第十九章中，叶笃正回顾了全书有关章节，把青藏高原和热带海洋作了比较。认为夏季的青藏高原对大气环流的作用与热带海洋有许多相似之处，比如两个地方都是巨大的热源，都有不稳定的温度的层结，都有旺盛的对流，都有结构类似的涡旋，等等，并对二者从几个方面进行了对比——能源的对比、大气温度层结和湿度层结的对比、对流活动的对比、涡旋结构的对比，最后总结出相似的原因。叶笃正分析了青藏高原夏季对大气的热量输送，认为它所提供的热量同菲律宾附近海上的巨大热源的作用可以相比拟。他引证的计算结果说明青藏高原对大气的加热作用在 7 月份大于菲律宾周围的海洋的贡献。青藏高原在维持大气运动的动能中具有重要作用。青藏高原位于大陆内地，它的下垫面和洋面物理性质如此不同，两者高度相差甚大，而在夏季它们上空大气中的活动有不少类似之处，其原因是值得深入研究的，在最后的分析中，叶笃正提出了几个看法：第一，青藏高原是世界上最高的高原，地面接受太阳辐射强，造成地面高温，使得地气温差大，因而使青藏高原成为强大的地面感热输送源。这同洋面加热空气情形相类似。第二，青藏高原在夏季处于东西风带的过渡带，高原地面输送给大气的热量不会很快被风吹走，容易造成高原上空大气的比较大的温度递减率。这是对流生成的基本条件。第三，青藏高原处于西南季风区，地形上又有几条宽大的通道，西南季风可以顺着通道把大量水汽输送给高原，供对流之用。第四，种种动力和热力原因，夏季高原上经常存在着切变线，在切变线上产生气旋性环流。这些气旋性环流可以把高原上的积雨云团组织起来，形成在结构上类似热带海洋上的风暴。

在《青藏高原气象学》的最后，叶笃正为青藏高原气象学未来的研究指明了方向。关于气候的成因、高原上天气系统的结构和发生发展过程、高原及其邻近地区不同尺度系统天气的相互作用、高原上热平衡的比较详细情况、高原热力作用和地形对天气系统发展的具体影响、高原季风活动、高原与远距离地区的遥相关及其应用、高原对长期天气过程的影响及其对长期预报的应用等，都是有待进一步研究的领域。

我国围绕青藏高原及其复杂地形对灾害天气、气候与生态环境变化的影响等重大科学问题和关键技术而开展的应用基础研究、应用研究和技术开发，在为经济社会进步、国家安全与可持续发展和气象业务服务方面，都已经取得很多进展。青藏高原气象学这门学科呈现出的研究特征包括：首先，青藏高原气象学是理论性和实验性相结合的科学，且已进入设计气候系统多圈层相互作用阶段；其次，观测资料的缺乏是亟待解决的科技问题。

叶笃正收获了很多学术荣誉。《美国气象学会通报》在 1991 年对叶笃正的介绍一栏中有如下评价：他是世界上第一个确认西藏高原的热力效应并且用数学方法加以表述的人。而在此之前人们主要把高原作为动力机械强迫来处理。他对东亚地区季风环流的年变化进行了杰出的原创性研究。他在与梅雨锋降水有关的中尺度过程方面进行了深入的研究。他在研究地转适应过程时，就“气压场向风场适应，还是风场向气压场适应”这一问题指出，适应过程决定于运动的尺度，这种尺度与云团或只有几小时生命史的云线的尺度有关。他还指出，适应过程与云系的突然变化有关。世界气象组织颁发给他的奖状上写着：“此奖确认叶笃正在基础和应用两个方面的重大贡献，包括：创立青藏高原气象学；发现大气环流突变；提出能量频散理论；开创全球变化及对可持续发展、有序人类活动和对全球变化影响适应的研究；建立中国科学院大气物理研究所；促进国际合作和该领域中许多杰出年轻科学家的培养。”

三、数值气象，力学笃行

人们都知道现在的天气预报预测得越来越准，能够预测的时间也越来越长，但很少有人知道其中的原因——这是我国建立起数值天气预报的功劳。而我国数值天气预报系统正是在叶笃正的支持和指导下建立的。经典天气预报是采用天气学方法，结合热力学方程组，预报未来天气。这种方法能够预测的时间比较有限。而与之相应的数值天气预报是根据大气的实际情况，在一定的初值和边值条件下，通过大型计算机做数值计算，求解描写天气演变过程的流体力学和热力学的方程组，预测未来一定时段的大气运动状态和天气现象的方法。早在 1922 年，英国科学家 L.F. 理查森首次在《天气预报的数值方法》一书中，论述了数值预报的原理和可能性。而世界上第一篇数值天气预报的论文发表于 1950 年，我国气象学界科学家虽然在当时就敏感地洞察到这是未来重要的学科方向，但是囿于条件所限（由于数值天气预报的计算数据非常多，很难用手工或小型计算机完成）无法开展。我国当时确实还不具备这个条件。

直到 1955 年我国开始摸索作数值天气预报，1958 年我国第一台电子计算机问世之后，才开始在计算机上进行数值天气预报，并于 1960 年建立了我国数值天气预报业务工作。20 世纪 60 年代，我国气象业务还未现代化，强调天气预报要依靠群众的经验，依靠“物象”，靠天气变化时昆虫的反应来判断。但要发展现代气象事业，发展定量天气预报，这是远远不够的。

叶笃正在1975年撰写了论文《近年来大气环流数值试验的进展》，详尽地介绍了国内外数值天气预报模式的发展。文中几乎涉猎数值天气预报的所有方面，也对一些问题提出了前瞻性的见解，例如各种物理因子影响大气运动的时间尺度、运动和加热因子的相互作用、差分格式的物理意义、垂直分层的动力学依据、海洋和大气之间的相互作用等，同时还强调了顾震潮开创的运用历史资料的方法在改进资料分析和数值天气预报中的重要性。

1978年，叶笃正和邹竞蒙同是国家计委气象组的成员。在一次会议上，气象组做出了建立中国数值天气预报业务系统的英明决策。同时，叶笃正和邹竞蒙等人在开展数值天气预报的组织、技术路线上都做了精心安排。组织上，把气象科学所的部分人员调到中央气象局。这并不是一个“小动作”。气象科学研究所主要从事理论研究，而中央气象局是业务部门。研究成果要转化成现实生产力，预报的结果要每天都能用，就必须让理论和实践相结合。那时，在数值天气预报方面，中国比国外发达国家落后了几十年，当务之急是建立自己的数值预报系统。叶笃正找到了李泽椿，在技术路线上做出指导，鉴于中国实际情况，要引进、消化、吸收。叶笃正的科学观在实践中取得了成功。

叶笃正还提出建议，把中国科学院大气物理研究所的东西“拿过来”在实践中应用，把国外的先进模式“拿过来”在实践中应用。因为技术路线正确，我国数值天气预报系统建立得非常迅速。科研人员只用近3年的时间就把短期数值预报系统建立起来了。之后，科研人员很快又把视野放在 3—10 天的中期数值预报上。经过这个引进、消化、吸收的过程，我国数值天气预报系统的科研队伍成长了，科学基础也牢固了。10 年时间，我国中期数值天气预报系统建立起来了。

叶笃正在几个主要领域的研究成果都为气象预报提供了很好的理论基础，其中不仅包括早期在芝加哥期间研究大气能量频散理论时对于大气中波动的群速、相速和波长关系的系统分析，对于一系列重要现象的解释，对于哈得利环流圈的证实，还包括回国后对青藏高原气象学的研究成果。此外，叶笃正对于中国气象事业的一个突出贡献是，他恢复建立了中国气象学会，并在担任气象学会理事长期间使《气象学报》复刊、《气象知识》创刊。

四、甘为人师，提掖后学

叶笃正作为中国气象学界的领军人物培养了一大批国内顶尖人才。气象学领域的专家学者曾庆存、巢纪平、黄荣辉、吴国雄、李崇银、符淙斌等都曾受益于叶笃正的培养。由叶笃正培养出来的院士都在气象学领域里成为了科研一线的主力军。

不仅如此，叶笃正也是北京大学、南京大学、中国科技大学的教授。20 世纪 50 年代，叶笃正在北京大学地球物理学系气象专业讲授动力气象学。1958 年，中国科技大学成立。叶笃正在该校地球和空间科学系讲授动力气象学。李泽椿、李崇银、王必魁等都在中科院听过叶笃正的课。1966 年以前，叶笃正培养了 7 名研究生。1978 年后又培养了 11 名硕士、20 名博士。叶笃正有培养人才的“三步走”战略：第一步，叶笃正指导题目，教做法，让科研人员用这种方法完成两三个题目，初步学会做科研工作；第二步，叶笃正给出题目，由科研人员自己想办法完成，叶笃正做指导；第三步，由科研人员自定题目，自行完成，叶笃正做指导。叶笃正就是这样一步一步把许多科研苗子培养成有成就的科学家的。

1956 年，叶笃正正在研究青藏高原对大气环流的影响。青年科技人员巢纪平用业余时间做了一个三维非线性的地形对大气环流影响的理论研究，但是这个研究被否定了。巢纪平带着难过、失望的心情找到当时并不主管他工作的室主任叶笃正“求救”。叶笃正看完他的文章，打开抽屉拿出一份稿子对巢纪平说：“我也在做这方面的研究，不过是正压大气的，而你做的是斜压大气。我不继续做了，你继续做下去吧，由我来安排。”还让跟他做计算的两位统计员转来帮巢纪平。青藏高原的地形要用数学上的球函数来表示，现在用计算机计算不会超过一分钟，而当时巢纪平等人用手动的计算器整整算了一年。这篇文章于 1957 年发表在《中国科学》杂志上。

1962 年，在叶笃正和顾震潮的推荐下，在赵九章所长的全力支持下，以华罗庚先生为组长的评审组对巢纪平进行了长达 3 小时的论文答辩，并于 1964 年把他从研究实习员越级晋升为副研究员。同年，地球物理研究所天气气候研究室的青年科技人员周秀骥也因为成绩突出被越级晋升为副研究员。

1979 年《青藏高原气象学》出版后，叶笃正的学生吴国雄领导的科研小组对青藏高原大尺度环流进行了大量研究，高登义也对高原环流做了大量研究。这一系列研究与其他学者的研究使这门学科系统建立起来。叶笃正带领中国大气科学研究事业始终紧紧跟随着世界的脚步。

五、结语

作为新中国成立以来第一批从海外留学归来的博士，叶笃正在回国后成为中国科学技术大学大气物理专业的奠基者。叶笃正院士曾经担任过中国科学院地球物理研究所研究员、室主任，大气物理研究所研究员、所长，中国科学院副院长，中国科学院特邀顾问，中国科学院大气物理研究所名誉所长。他在国际气象学界享有很高声望，曾任芬兰科学院外籍院士、英国皇家气象学会荣誉会员、美国气象学会名誉会员，并在许多国际国内组织中担任重要职务。他不仅在大气动力学、大气环流理论、青藏高原气象学、东亚大气环流研究等方面做出了重大贡献，并与几位科学家带头兴起了全球变化的研究，是全球变化研究的倡导者之一。

“他在中国开创了一个学科，一个领域。国内著名的气象学家几乎都是他的学生。”中国在国际大气科学方面占有一席之地的几个研究方向，都与叶笃正的学术贡献密不可分。可以说，他是国际大气科学界屈指可数的数位巨匠之一，也是我国大气科学界及全球变化研究领域的一代宗师，他为全球变化、大气环流和气候变化研究做出了开创性的重大贡献。

（作者：孙　烨）

曼德博

分形之父

本华·曼德博

（Benoit B. Mandelbrot，1924—2010）

本华·曼德博不是传统意义上的数学家、科学家，1973年以前，他一直不被各领域的科学家认同。“分形理论”诞生后他的“政治”地位（他愿意用这样的词语）剧变，成为世界上最有名的科学家之一（通过互联网可以很好地检验一个人的知名度）。

科学界曾两次为他举行国际范围的祝寿活动，并相应出版了祝寿科学论文集。一次是1989年在其65岁生日时，纪念文集以《物理学D》杂志专号出版（1989年第38卷），刊登了他的大幅照片及详细学术经历。另一次是1994年他70大寿时（1995年才举行祝寿活动），纪念文集由新加坡的《分形》杂志专号出版（1995年第3卷第3期）。对一位科学工作者而言，这是很不容易享受到的荣誉。这位在多种学科“流浪”了20余年才得到学界广泛承认的分形之父，不断得到各种荣誉和奖励，但也到处与同行发生争执。

一、家庭背景与成长经历

曼德博于1924年11月20日生于波兰华沙，祖上是立陶宛犹太人。他的父亲是服装商，母亲是牙科医生。1936年举家迁往巴黎，这有一部分是受其叔叔佐列姆·曼德尔布罗伊的影响，当时佐列姆是法国的一位数学家。

1944年，曼德博以班级第一名的成绩通过了法国著名的巴黎高等师范学校与巴黎综合理工学院入学考试。当时他的代数与分析基础并不好，但几何直觉不错，考试时他总是设法将代数与分析问题化成几何问题，巧妙地将它们解决，他称此为合法性“作弊”。曼德博与其叔叔佐列姆对数学有完全不同的口味。叔叔佐列姆是一位非常经典的分析学家，而曼德博更倾向于几何，他称自己为几何学家。叔叔佐列姆认为几何是已死掉的学科，只对小孩子学数学还有一些意义，人们只有超越它才能取得天才的学术贡献。但是曼德博不相信这种观念，也不喜欢分析学派的那种“高雅”风格。

由于不喜欢布尔巴基学派的数学，曼德博在巴黎高等师范学校念了没几天，就转到了巴黎综合理工学院。1947 年曼德博从巴黎综合理工学院毕业。1949 年获美国加州理工学院硕士学位；1952 年获巴黎大学博士学位。随后几年他不断在几个学科中游荡，先后“闯入”过物理学、经济学、生理学、语言学和其他一些似乎毫不相关的学科。他喜欢用“知识流浪汉”“游荡”等字眼讲述自己的学术生涯和人生经历。

到美国后，他先是在麻省理工学院当一名研究助理，1958 年成为 IBM 约克郡高地沃森研究中心物理部研究人员。

曼德博因创造了原来不存在的分形学科而一举成名。1975 年以法文出版《分形对象：形、机遇与维数》，1977 年以英文出版该书增补版，1982 年出版《大自然的分形几何学》。后一部影响最大，它是分形学科的宣言书，包罗万象，显示了将分形用于自然现象描述的重要性。他对自己的专著的描述用词是“普及性的”“随笔”“宣言书”“从头到尾都是序言”。据初步统计，到 1989 年底他已经发表了123篇论文，内容极其庞杂，涉及语言学、概率论、通信工程、水利学、经济理论、金融分析、布朗运动、湍流、复迭代、宇宙学、临界现象与相变等。

曼德博曾任美国艺术与科学院院士，美国国家科学院外籍院士，欧洲艺术、科学与人文学院院士。他曾荣获巴纳奖章（F. Barnard Medal，1985）、富兰克林奖章（Franklin Medal，1986）和沃尔夫物理学奖（Wolf Prize in Physics，1993），还有其他若干奖励。

二、现代博物学家

进入20世纪，各门科学早已扬弃了博物学的传统，很难找到某人因采用博物学方法取得重大成功，但曼德博是个极大的例外，他是现代科学界最大的博物学家。他十分推崇《论生长与形式》的作者达西•汤普森，这也间接表明他的博物学倾向。

他的思维方式很特别，他喜欢几何，也很关心数学史和物理学史。多数研究人员总是找最新的学术期刊来阅读，以便能跟上科学技术日新月异的形势。而他专门找一些破旧的、没人翻看的期刊，并且时常注意一些不起眼的非核心刊物。

他特别重视当时的非主流思想，尤其是那些被称作“病态的”“反直觉的”东西。因此诸如现在人们熟悉的康托尔三分集、外尔斯特拉斯不可微曲线、可充满正方形区域的皮亚诺曲线、谢尔平斯基地毯与海绵、科赫（雪花）曲线等，都被他视为珍宝。而这些一直被正统科学视为少数的反例，只是在教学过程中作为一种逻辑可能性偶尔提到。

长期的观察、收集与总结，使曼德博获得这样一个印象：除光滑的欧氏几何（广义的，泛指分形几何以外的标准几何）以外，应该还有一种不光滑的几何，这种几何更适于描写大自然的本来面目。

巴塞洛斯采访曼德博时问他："分形实例中你最喜欢哪一个？"曼德博脱口而出："当然是海岸线例子。"随即他又补充说还有"血管分形结构"以及"自平方龙"（复迭代中的一个例子）等例子。他风趣地讲，实际上他不知道最喜欢哪一个，所有那些分形模型都好比他的孩子，他都喜欢，作为父亲因为所有孩子而骄傲，所有孩子都为这个分形之家添了光彩。"一个人可以因为不同的理由爱不同的孩子，但他不可能有真正绝对的偏爱。"

不管怎么说，海岸线例子还是最容易说清楚的分形实例，曼德博到处演讲，总是提起它，在两部专著中也把海岸线问题放在前头讲述。

三、通过莱维稳定分布走向分形

除了创立分形几何学这样一个总的题目，曼德博的主要科学成就具体说来主要包括什么？如果去掉"主要"两个字，罗列一长串也就齐了，但是限制列出几项，考虑起来可不容易。有些现在看起来重要，可能不久后随着科学的发展又不算什么了；有的现在一般，但也许以后会变得重要。无论怎样，作者还是根据自己的粗浅理解初步列出几项。

（1）发现莱维稳定分布的重要性；（2）用自相似观点研究噪声

与湍流的阵发过程；（3）（重新）发现 M 集合；（4）在前人基础上扩展了维数概念，并使各领域科学家广泛理解；（5）提出“分形”概念和“多分形”思想；（6）促进了科学的统一和数学的普及，有力推动了科学与艺术的结合。

在一般人看来，曼德博的最主要贡献是发明了一种新的几何学。但是仔细研究他曲折的学术生涯会发现，他首先进入的并不是基础数理科学，而是“工程技术”（做广义的理解）。他在工程技术中（或者说在生产实践中）发现问题，总结出带有规律性的东西，进而将它们上升为一般理论，最终创立分形几何学。这与当前物理学家、数学家改行的顺序似乎正好相反，现在通常是由基础数理科学转向经济学、社会学和哲学等。

人们对曼德博的理解曾局限于确定论范式，20 世纪 90 年代以后才有一些人注意到曼德博那里还有随机论范式，并且在曼德博那里两者本来是有机地结合在一起的。

曼德博本人曾明确说过，如果将来写关于分形方面的专著或者教科书，倒是可以直接从随机变量、随机函数讲起，而他之所以没有这么做，主要是考虑：首次进入能够极大地吸引读者的话题，应让读者立即产生几何直觉。

曼德博从事的第一个科研实践（实际上仍然理论气十足）是研究通信中的噪声和词频的分布，后来是河水的涨落以及经济学中的收入分布规律。这几项似乎一点也不搭边，但它们都指向一个不变的东西，这个线索如此重要，以至不理解它就无法理解曼德博一生工作的统一性。这个线索沟通了自然科学中长期存在的确定论描述体系与随机论描述体系，这个线索帮助人们理解《大自然的分形几何学》中各个部分之间的内在联系。这个线索的潜在价值远未开发完毕，它正在成为众多新学科的生长点，如对分数布朗运动（FBM）的兴趣、对莱维飞行的重新关注、对非高斯稳定随机过程的新认识等。

那么这个线索是什么呢？就是从他的老师莱维那里学来的莱维稳定分布。莱维是概率论少有的几位著名的奠基人之一，虽然现在的学生几乎不知道这个伟大人物了。当年在巴黎综合理工学院，曼德博师从莱维学习基本的数学分析。

在概率论基础奠定之前，钟形误差分布定律就已广为人知，这种分布具有各种想象得出的好性质，所以被冠以“正态分布”之名，也称高斯分布。言外之意，不满足这些性质的分布都不是标准的——也许多少有些“变态”。特别是 20 世纪初对布朗运动的大量研究，更加深了人们对这种完美分布的向往。

数理科学中个别案例使用正态分布导致了空前成功，直接诱导人们将它推广到一切物理现象，最终必然影响到社会科学界。在相当长的时间里，数理统计工作者言必称正态分布，在相当程度上正态分布是唯一有用、方便的工具。然而曼德博发现这种流行观念是错误的。

四、进出经济学

查到曼德博一共发表 18 篇经济学论文（也许会有几篇的出入），发表时间集中在 1959 年至 1973 年。综观曼德博的论文和专著，他只关心一个核心的经济问题——收入分布以及与之有关的价格问题。据他本人讲，他对经济学中的帕累托分布的研究从 1957 年在哥伦比亚大学和康奈尔大学时期就开始了，然后在法国里尔大学和巴黎综合理工学院继续了这项工作。1973 年以后他义无反顾地离开了经济学，专心发展“分形几何学”。与在其他学科一样，经济学界并没有轻易接受他的非正统观点，但曼德博已经得到自己想得到的东西，并不在乎能否得到经济学界的认可。

曼德博的经济学研究在经济学团体内引起过两次巨大风波：一次是在 20 世纪 60 年代末，一次是在 20 世纪 80 年代末。第一次是因为曼德博的观点攻击了当时占支配地位的计量经济学和资产定价理论；第二次是因为曼德博在非线性动力学运动中出尽风头，经济学家受“混沌”的影响，间接评论了曼德博的早期研究工作。两次反响的主流都是怀疑曼德博的理论和方法，即使有一些人受曼德博论文的激励，转而注意自己未曾考虑的方面，也不相信曼德博的理论。

曼德博最早关注经济学问题是从关于收入分配的帕累托定律开始的，这个定律的形式颇像他在语言学词频分布中注意到的齐普夫定律。意大利经济学家帕累托曾专门分析收入分布数据，他发现收入分布具有如下特点：收入水平越高，则收入高于这一水平的人口越少。他当时认定收入分布对于人为干预是不变的。曼德博的经济论文发表后，经济学界不以为然。正统经济学家认为数据拟合得并不佳，并且认为曼德博的理论需要微观证据。曼德博看重的不是数据拟合到何种程度，而是收入分布的长时尾现象在尺度变换下具有不变性，即个人收入分布、厂商尺度的收入分布和城市尺度的收入分布都具有这样的“尾巴”。长时尾现象暗示存在一种非高斯意义上的稳定分布。曼德博熟悉他老师莱维的工作，立即将它与莱维的稳定分布联系起来。

简单说来，稳定分布的含义是，多个独立同分布随机变量序列经过适当的线性总和后，其分布仍然保持不变。稳定分布是无穷可分的，对应于稳定分布的随机过程是稳定过程。稳定分布是比正态分布更广泛的一类分布，其中包含了正态分布。标准正态分布与正态分布都是稳定分布，柯西分布也是一种稳定分布，除此之外还有没有别的重要的稳定分布呢？这正是曼德博急于思考的。

曼德博的经济模型中具有尺度变换下的“不变性”，他认为这十分关键，仅仅凭这一点就值得认真研究。他认为负幂律分布是除高斯正态稳定分布外最简单、最值得考虑的一种稳定分布。它就像玻意耳的气体模型一样，可能与实际有些差别，但它是一种重要类型，一种简单的理想情况，只有研究清楚了这种理想情况，才能推而广之从而考虑更复杂的情形。正如我们不能说理想气体模型没有价值，也不能说帕累托－莱维分布过于理想化而没有实用价值一样。从这种意义上看，经济学界对他的反驳其实均不构成威胁。曼德博是从逻辑分类的角度、从数学可能性的角度思考问题的，其模型撇开经验事实仍然具有理论价值。实际上 1963 年洛伦茨的《确定性非周期流》一文（在非线性科学史上具有重要地位）也具有此性质，洛伦茨方程只是大气运动的一种极度的理论抽象和简化，它甚至可以与实际的大气运动无关，但仍然具有重要理论意义和间接的实际意义。也正因为如此，曼德博与洛伦茨的理想模型的应用也就不限于什么经济学或者气象学，而具有普遍性，可以扩展到相当多的学科。曼德博实际上也是这样做的，不久他就将莱维稳定过程用于湍流研究，特别强调了莱维飞行。现在看来他的确是先行者，历史将公正地记录下他的先驱性工作。

以棉花价格波动为例来讲，曼德博理论的特点在于，它不是考虑在某一个特定层次产生价格变动的规律，而是跨越层次，寻求尺度变换下的不变性。棉花价格是一种理想的数据源，经济学家对其变动的传统看法是，短期变化与长期变化没有关联，由快涨落导致的瞬间价格变化是随机的，而长期的价格波动是由宏观经济形势和战争之类重要事件决定的。因此传统经济学处理此问题的办法是，在确定性的过程中加上随机的噪声。曼德博却把不同层次统一起来，发现日变化曲线与月变化曲线的一致性。对于股票价格，他也作了类似的分析。这未必是最好的理论方法，但至少是一种可能的理论方法，而以前人们确实忽视了它。但经济学界由于长期习惯于自己那一套思路，对曼德博的做法自然有反感，攻击他的最好办法就是指出其曲线拟合不理想。

在研究股票价格变化中，曼德博极为反对“价格连续变化”的模型，认为这种照搬牛顿力学于经济学无济于事。在经济系统中，小的连续变化可以引起突然的不连续变化。基于这种考虑，他否定了滤波预测方案和各种人为凑出高斯分布的办法。在经济学研究中他提出了标度原理。

设 $X(t)$ 为价格，$\log X(t)$ 是独立增量过程，即 $\log X(t+d)$ −

$\log X(t)$ 具有独立于 d 的分布，其中只需引入一个标度因子。曼德博立即想用此模型得出一些有意义的结果，但首先要面对的是这种模型的奇怪性质（实际上这竟是他所期望的）。曼德博大胆地假设 $\log X(t+d)-\log X(t)$ 具有“无穷方差”！他第一次用符号 V 表示方差。以前人们想当然地假设方差是有限量，发散的情况根本不予考虑，也不应该考虑。用曼德博的话讲，人们似乎患了“无穷方差综合征”。具有反叛色彩的曼德博假定 $V=\infty$ 自有他的考虑：“不用说，假定 $V=\infty$ 的成功后果是，我就很容易使曲线具有无穷长度、曲面具有无穷面积。”于是后来提到的英国海岸线长度、皮亚诺曲线填充、科赫（雪花）曲线长度等问题都有了理论基础，当然其他思想渊源也曾帮助他得到那些结果。但海岸线问题应是后来的事。那时他已经有了基本结论，他不断翻阅数学“故纸堆”，也不断发现一些更佳的论述，但这些新发现的材料当初对于他形成基本的分形思想并未产生影响。在撰写专著时，他当然要重新规划，以一种更直接、更通俗、更符合逻辑顺序（发现过程并不符合通常的逻辑）的方式叙述出来，甚至更多的是考虑读者的反应。

到了 20 世纪 80 年代，经济学界受非线性动力学的影响，不得不对曼德博的早期研究作出评介，在此之前克拉克的博士论文以及后来的自回归条件异方差（ARCH）、广义自回归条件异方差（GARCH）模型回避了曼德博开创的路线，仍然假设噪声服从于一种基本的高斯分布，但有一个变化的二阶矩。他们的文章引用了曼德博的假设，但设法避免那类假设。这种处理方法仍然没有逃出分数阶自回归滑动平均（ARMA）模型的套路。到后来，许多经济学家更多地采用 GP 关联积分算法求时间序列的分维数，用 BDS 统计（Brock、Dechert、Scheinkman 三人在关联积分的基础上发明的）检查经济系统中是否存在非线性结构。但是正如米诺夫基指出的，经济学界的这些人物并没有认真吸收曼德博的思想，而是应付、回避矛盾，他们既排斥莱维稳定分布，也排斥混沌。曼德博早已摒弃了“不是决定论就是随机论”的两极化选择，他认为经济现象比较复杂，应当用更精致的随机过程或者混沌动力学描述，应当放弃牛顿经典力学的套路：由原子运动推出一切。本质上在经济学问题上曼德博采用的是一种类似统计物理 / 热力学的现象学的方法，这一性质还未被经济学界深入理解。

当曼德博离开经济学时，他得到了什么？他似乎高兴地带走了价格变动的自相似观点、标度律的观点，以及一种似乎无人注意但有着各种潜在应用价值的莱维稳定分布。

五、布朗运动、莱维飞行、阵发湍流

1905 年爱因斯坦用分子运动论清楚地阐述了布朗运动。实际上庞加莱的一个学生巴舍利耶早在 1900 年就发展了一种布朗运动理论，只因为他的论文是关于股票市场涨落问题的，未引起物理学家的注意。巴舍利耶导出了随机过程的扩散方程，指出概率可以像热一样扩散。由于巴舍利耶的论文不为数理学界所知，它对后来布朗运动的物理学没有产生直接影响。

爱因斯坦预测，布朗粒子随机行走均方位移随时间线性增长，乘以一个与阿伏伽德罗常量有关的因子：$\lambda_x = \sqrt{2Dt}$，用现在的符号表示则有〈x^2（t）〉=$2Dt$。1908 年这一结果被佩兰用来测定阿伏伽德罗常量，进而为“原子”的存在性提供了重要证据。佩兰 1926 年荣获诺贝尔物理学奖。从那时起，布朗运动成为重要的研究对象。

但是问题并没有彻底解决，或者说研究才刚刚开始。从数学上看，布朗运动涉及许多艰深的内容。对于离散布朗轨迹，可以在固定步长的格子上研究简单的随机行走，但对于连续情形遇到了严重的困难；布朗粒子运动路径处处不可微，粒子的速度无法定义。这时已有勒贝格的测度理论，又恰好出现了一个伟大的人物——维纳，维纳抓住这个时机（大约于 1921 年），利用测度理论，发展了一整套漂亮的随机过程理论，后来称之为维纳过程或者布朗运动。曼德博早就把布朗运动视为分形的一个典型，并将布朗运动轨迹视为二维分形。

1968 年曼德博与内斯合作发表了一篇重要论文《分数布朗运动、分数噪声及应用》，1969 年与瓦利斯合作发表论文《带有分数高斯噪声的计算机实验》，1971 年发表论文《一种快速的分数高斯噪声发生器》等。实际上曼德博所使用的若干新工具、新方法，早在这之前他就十分熟悉了，已经在通信工程和经济学领域部分尝试。

曼德博 1968 年的文章通过引入“记忆”推广了布朗运动，对于关系 σ^2（t）=t^{2H}，H 的取值范围一般限制在（1/2，1）之间，当 H=1/2 时，正好对应于布朗运动。这一推广意味着随机行走的均方位移随 t^{2H} 而增加。当 H 较小时扩散较慢，当 H 较大时扩散较快。在湍流中 H 可以取非常大的值。

如果随机行走发生在分形体上（如逾渗格子），则运动行为不同于一般的布朗运动，运动由于空间背景的不同可以时快时慢，表现出不均匀跳跃。H 的取值可以分成两类：当 H 小于 1/2 时，均方位移慢于线性增长；当 H 大于 1/2 时，均方位移快于线性增长。其中后者非常有趣，涉及著名的莱维飞行。

布朗运动的基本思想是随机行走，所使用的基本数学是高斯分布，随机行走者 t 时间后的位置分布是高斯型的，方差正比于时间。对于一维的 N 步随机行走，每一步的步长 x 是一随机变量，其概率分布为 $p(x)$，具有 0 均值。法国数学家莱维提出这样的问题：什么时候 N 步的总和的分布仍然具有与单步相似的（乘以一个标度因子）分布？这等于问，整体与部分何时有相似性，因而很自然与分形有关。对此问题通常的想当然的回答是高斯过程，因为 N 步高斯分布加起来仍然是高斯分布。但是莱维一般地证明了，此问题还有其他解。

广义的莱维稳定过程（$S_1^D+S_2^D=S^D$，$S_1X_1+S_2X_2-SX+$ 常数），仅对三种极特殊的情况，可以解析地求出稳定概率分布。除了在高斯情形中，随机行走（飞行）没有特征尺度。正是这一性质决定此类随机行走是标度不变的分形。这种随机行走好的性质在于自相似；坏的性质在于具有无穷矩，于是均方位移发散。

矩发散长期以来被认为是一个致命缺点，物理学家不愿意看到发散性。只是由于曼德博的大力鼓吹，莱维的思想才一点一点被物理学界理解，20 世纪 90 年代中期莱维飞行成了时髦的研究课题。早些时候，在鼓吹、传播莱维不变分布方面，曼德博是唯一的代表人物，这一点应特别提及。

莱维飞行的轨线是典型的分形，虽然不是处处不可微，但跳跃的步长可以变化。经过一番处理，均方位移的发散性可以回避。特别地，一个随机变量 X 具有无穷方差，并不能否定 X 以概率 1 取有限值。例如柯西密度 $1/[\pi(1+x^2)]$ 变量几乎总是有限的，但它具有无穷方差和无穷期望。莱维飞行的宏观轨迹是一系列折线或者孤立的康托尔尘埃点集。一般情况下不考虑粒子在两个端点之间飞行的中间过程，如果考虑两次跳跃之间具有某种速度，这种过程又叫作莱维行走。人们可以问在不同的飞行片段中，在时间 t 粒子的飞行速度是多少，这一定是某个与时间有关的有限值。但是平均飞跃状况是发散的。

从 1977 年的《分形》一书可以看出，曼德博已经自如地将莱维飞行运用于各种场合，包括布朗运动、分形集团和星际物质分布，并且给出占 7 页篇幅的图形说明。遗憾的是，科学界直到 20 世纪 90 年代才认识到这部分工作的重要性。

1963 年秋季他在哈佛大学听了斯图尔特的一次讲座，了解到流体力学研究中讨论阵发（间歇）现象，同时知道了苏联学派关于湍流研究的一些最新结果，如柯尔莫哥罗夫 1941 年与 1961—1962 年两个阶段的创造性工作。曼德博立即有一种冲动，试图转向湍流研究。他觉得这些观念对于自己并不算新鲜事，大约 10 年前自己在研究通信噪声时，就碰到过类似的现象。他认为湍流中的许多问题与分形有关（当时还没有“分形”这个概念）。他迫不及待地想把自己在其他领域做的工作“翻译”成流体力学的语言。

1967 年他才发表关于湍流的文章《偶发湍流》，1968 年发表《论阵发自由湍流》，1972 年发表《有关阵发湍流能量耗散的对数正则假设的可能细化》，1974 年发表《自相似级联阵发湍流、高阶矩的发散性与载体的维数》，1975 年发表《论各向同性湍流》，1976 年发表《阵发湍流与分维》，1977 年发表《分形与湍流：吸引子与弥散》等。

曼德博对湍流的研究不是从基本方程入手进行严格数学分析，而是从宏观上、从几何角度观察，先获得几何直觉，构造核心概念，再一层一层作定性分析。这一思路是“将自相似技术应用于湍流的几何学”。曼德博明显地受柯尔莫哥罗夫 1941 年文章风格的影响，作出“湍流运动的奇异性本质上是分形”的重要猜想。他说：“纳维叶－斯托克斯方程的解如果存在，就是事实上的极限分形。”法国尼斯天文台的弗里施教授 1995 年在专著《湍流：柯尔莫哥罗夫的遗产》中高度评价了曼德博关于阵发湍流的思想，实际上弗氏是较早就认识到曼德博思想重要性的少数人之一。

六、个性与成功之路

曼德博始终生活、工作在逆境中，在 20 世纪 70 年代中期以前，世界上没有几个人知道他，更谈不上真正理解他。他几乎是打一枪换一个地方，在不同学科中窜来窜去，似乎哪一个学科也没有特别注意他。维纳在《人有人的用途》中两次提到他算是个例外，维纳那时搞的“控制论”也是新鲜事物，理解的人也不多。

曼德博发表了许多论文，但他回忆说，当初发表每一篇都十分艰难。他不断投稿，审稿人对文章的批评毫不留情面（那时他没有名气），稿件被一次次退回。关于星系结构的论文始终难以发表，“我关于星系的工作在别人知道它之前是不可接受的，而在它成为可接受的之前，人们又不知道它”。发表出来的也做了一些修改，特别是编辑命令他删除“可疑的哲学”部分。

在写作风格上，曼德博后来坦率地承认，他不得不装成某个领域内行的样子，在论文中故意加进一大堆数学公式和推演细节。虽然也不是特别成功，因为他始终带有极强的“异国口音”，“但是这种办法对于把我的论文发表在一些好的学术杂志是必要的和充分的”。

曼德博把科学界对他的学说的态度分成四个阶段。第一个阶段，人们总是问：你是谁？你为什么对我们的领域感兴趣？第二个阶段，这与我们所做的有什么联系？你为什么不用我们所知道的知识来作解释呢？第三个阶段，你能保证这是标准的数学吗？我们怎么不知道？第四个阶段，这些领域的数学家怎样评价你的工作？曼德博对后三个问题的回答是：“我能保证这是标准的数学，只是人们很少知道。他们无所谓，因为我的工作并没有增加什么数学。”

1964 年他参加了在耶路撒冷举行的逻辑学与科学哲学大会，在会上作了《尝试性的分形宣言》报告，可惜没有正式发表出来。到了 20 世纪 70 年代初，曼德博手边已经积累了不少未发表的和退回的稿子，据说已经堆成了堆（20 世纪 90 年代，他抽出一些略加修改就发表了）。

曼德博一直在思考着，当今学科分化严重，学科壁垒森严，像他这样东一榔头西一棒槌，在不同学科进进出出的，很难站稳脚跟，别人不会承认自己。如果要生存下去，就不能与正统对着干。短期策略是，要取得别人的信任，尽量隐藏自己的真正意图，争取多发表一些论文，审稿人和编辑希望怎样修改，自己就怎样修改。而长期战略是，要学会自我推销，最终建立自己是“教皇”的一块阵地：创立一个属于自己的新学科。

1973年曼德博终于找到了一个绝好的机会。这一年他去巴黎休假，此时他的叔叔佐列姆已经退休，正好可以邀请他在法兰西学院作一场重要的报告。这对于自己发表一篇一般性宣言以及解释清楚自己多种不同兴趣的内在统一性，是一个黄金时机。他做了精心准备，在准备过程中他发现自己的整套工作比以前自己所知道的更完备、更协调了。讲座在1973年1月进行，极其成功。一个朋友告诉他，这是他听过的最具自传色彩的科学讲演。

20世纪80年代中期曼德博及分形几何学红得近乎发紫，他也变得有些狂妄。他写的文章和书里充满了第一人称，常用“我宣布”“我认为”“我发现了”“我运用了”“我认定”“我证明”“我命名”“在我漫游我自己新开创的、新开发的学术领地里，我时常行使对新领域中的路标进行命名的权力”……对于纯粹数学家来说，曼德博并非数学家。在他的成就达到最高峰时，他甚至遭到一些同事的辱骂。有人认为曼德博关于自己在科学史上的地位的说法简直是神经病，他们说曼德博向别人述说的贡献耸人听闻。格莱克说：“他甚至会写信给一些写了分形方面论文的作者，责问人家为什么不引用他的文章与他所写的书！”曼德博的一位朋友里希特替他辩解道：“他一生坎坷，与别的数学家很难相处，为了生存下去，他必须采用这种战略，不断鼓吹他的自我。如果他不这样做，如果他不这样自信，他就永远不会这样成功。”

看曼德博的论文和专著，会注意到他大量引用前人的工作，他声称善于在数学垃圾桶和故纸堆中找金子。但一些人并没有因此表扬他，反而说他经常引用一些名不见经传、多半已经“安全地”死去了的人物，为的是突出他自己，以使他自己成为学术领域的中心人物。有人甚至怀着嘲笑的语气说，他只会从一个领域拿来一些东西，当成他自己的，然后贩卖到另一个领域。有人一边吸收着曼德博的思想，一边尽力避免使用“分形”“分维”这样的词语，故意用“豪斯多夫－贝塞克维奇维数”等。当然大多数科学家还是能够充分理解曼德博的，他们考虑曼德博曾克服的重重困难，便原谅了他的强烈个性。毕竟科学就是科学，看的是科学内容而不是当事人的人品和个性。由于不喜欢一个人的个性而不喜欢他的实实在在的有价值的科学工作，是不明智的，到头来也证明是个性偏执的。

纯数学家认为曼德博只是到处宣布一些猜测，而不是下力气去严格证明它们。发现周期倍分岔普适常数的费根鲍姆也遇到过这种情况，有位数学家指责他：“是讲数字呢，还是讲严格证明？”这是数学家与物理学家之间的一个老矛盾了，不过现在由于计算机大量用于科学研究，此问题显得更加突出。如果某人宣布某一件事情也许为真，而另一位严格证明它为真，试问哪一位科学家的贡献更大，谁的工作才算真正的科学发现？这个问题很复杂，不可一概而论。

20 世纪 80 年代曼德博卷入多种争论，其中影响较大的公开争论有两场，限于篇幅，这里不详述。

七、问题与启示

曼德博是靠强调几何取胜的，“分形”也是这样宣传起来的，但代数、几何、分析同等重要，不同时代、不同学派各有所侧重是正常的，但用一种去排斥另一种就显得不自然（如布尔巴基故意避开几何图形）。几何重形象，有助于对问题的理解，但过分依赖形象是不严格的。

对待分形几何这样的新事物，既要有所怀疑又要宽容。这个学科处于草创阶段，问题多如牛毛。问题多是好现象，若没有问题，该学科不是无意义的学科，就是已经死掉的学科。还要看这“牛毛”里是否有突出的问题以及这些问题是否有解决的希望。

曼德博在多个场合吹嘘过自己的新几何学，但他也讲过这样的话：“最应强调的是，我并未把分形观点看成万灵妙方，每个范例研究都应根据它所在领域的准则来加以检验，也就是，多半是基于它的组织、说明和预测方面的威力，而不是作为数学结构的一个例子。因为每一个范例研究都必须化简以使它成为纯粹技术性的问题，读者若要了解详情，可查阅其他文献。结果（如像汤普森 1917 那样），本书从头至尾都是序言性的。任何有更多期望的专家都将感到失望。”

人们容易看到曼德博坚定信念、大胆创新这一面。但要注意曼德博这样的人才是很少的，不可否认他的确天资聪颖，他的基本数理功底也是相当不错的。他虽然不善于证明一串串的数学定理，但他的数学与物理直觉很好。他从未为了创新而放弃理性，从未在自己生疏的领域留下伪科学的笑柄。如果不打好基本功，以曼德博为榜样以期取得重大科学突破，大概是不可能的。举例来说，曼德博如果数学分析基础不好，他也不会注意那些古怪的案例，只有对课本正统内容有深刻领悟，才能发现别人不容易发现的问题。同样他的概率论学得也是相当有深度的，他对莱维的非高斯稳定分布有强烈印象，后来才尝试把它用到各个领域，而在当时，甚至现在，绝大多数人不理解甚至不知道莱维分布。通常人们是由理工科跳到经济、社会科学，反向跳几乎不可能，这种不可逆性是显然的。但曼德博研究了经济后，还能研究湍流，到 20 世纪 80 年代又开始复迭代函数的研究，并且取得了成就。

即使像曼德博这样一个与政治无关的人物，评价起来也不容易做到客观公正。这主要牵涉当事人的利益关系和个人情感、好恶。吾辈小人物如何评论，关系不大，但作为有影响的人物出面参与评论，情况就大不一样。比如芝加哥大学卡丹诺夫教授卷入与曼德博的争论，其影响就非同小可。所以科学界的大人物作评论要慎重，但现实中常常不是这样。在评价一个科学工作者时，更多要看他的科研成果，而不是别的什么东西。

曼德博在 IBM 任职 20 余年后，才算混出一点名堂，但他始终得到戈莫里（曾任 IBM 公司经理、部门主任、研究部主任、副总裁）的信任和大力支持，对此曼德博念念不忘。他在 IBM 供职期间，公司还为他创造了各种机会，允许他到世界各地作短期访问和兼职。当然，IBM 下属研究所的许多研究是纯粹科学探索性质的，不要求有任何商业考虑。从长远看，这是“欲擒故纵”。分形研究以及研制“深蓝”与卡斯帕罗夫下棋，虽耗资巨大，但最终使 IBM 声誉大增，间接促进了其商业的发展。

（作者：刘华杰）

参考资料

—— * ——

德拉贝奇　英国科学职业化的先驱，杰出的地质学家

[1] C. Gillispie. Dictionary of Scientific Biography [M]. Vol. 4. New York：Charles Scribner's Sons，1971.

[2] R. Porter. Gentlemen and Geology：The Emergence of a Scientific Career，1660–1920 [J]. The Historical Journal，1978，21 (4)：809–836.

[3] A. Geikie. The Founders of Geology [M]. New York：Macmillan and Co.，1905.

[4] M. T. Greene. Geology in the Nineteenth Century：Changing Views of a Changing World [M]. Ithaca：Cornell University Press，1985.

[5] L. G. Wilson. Charles Lyell：The Years to 1841：The Revolution in Geology [M]. New Haven and London：Yale University Press，1972.

[6] F. J. North. H. T. De La Beche：Geologist and Business Man [J]. Nature，1939，143：254–255.

[7] 王蒲生. 独具特色的地质学研究学派：德拉贝奇学派 [J]. 科学学研究，1996，14 (1)：22–27.

拉夸　法国地质学家的中国之行

[1] 翁文灏. 第三次泛太平洋学术会议中地质学会议述要 [J]. 科学，1927，12 (4)：496–506.

[2] 韦尔伯. 昨日之地质学会讲演 [N]. 顺天时报，1926–12–04 (7).

[3] 法科学家拉夸氏昨日抵京[N]. 世界日报,1926–12–09 (7) .

[4] 王恒升. 拉夸博士Dr. M. Lacroix讲演倍雷Mont Pelée火山喷火的各种现象[J]. 中法教育界,1927 (5):9–13.

[5] 张雷. 巴尔博与中国地质学：1921~1935年 [J] . 中国科技史杂志,2015,36 (3):316–324.

[6] 本社. 翁院长的老师：法国的大矿物学家阿非德 · 拉夸 [J] . 长江月刊,1948 (14):9.

[7] 李学通. 翁文灏年谱[M]. 济南：山东教育出版社,2005.

张相文　我国近代地学先驱

[1] 张相文. 南园丛稿[M]. 台北：文海出版社,1968.

[2] 张相文. 新撰地文学[M]. 上海：文明书局,1908.

[3] 柳诒徵. 张相文先生传[J]. 地理学报,1934,创刊号.

[4] 曹婉如. 张相文与中国近代地理学的萌芽：纪念张相文逝世五十周年 [J]. 地理学报,1983 (3):309–314.

[5] 林超. 中国现代地理学萌芽时期的张相文和中国地学会 [J] . 自然科学史研究,1982 (2):150–159.

[6] 赵荣,杨正泰. 中国地理学史：清代[M]. 北京：商务印书馆,1998.

[7] 邹振环. 晚清西方地理学在中国：以1815至1911年西方地理学译著的传播与影响为中心[M]. 上海：上海古籍出版社,2000.

[8] 杨文衡. 地学志[M]. 上海：上海人民出版社,1998.

[9] 唐锡仁,杨文衡. 中国科学技术史：地学卷[M]. 北京：科学出版社,2000.

魏格纳　地质学现代革命的伟大奠基者

[1] 魏格纳. 海陆的起源[M]. 李旭旦,译. 北京：商务印书馆,1964.

[2] N. 维纳. 控制论[M]. 2版.郝季仁,译. 北京：科学出版社,1963.

杨钟健　从民主战士到“龙骨大王”

[1] 杨钟健. 父丧记[M]. 1934.

[2] 杨钟健. 西北的剖面[M]. 北平西四兵马司地质图书馆,1932.

[3] 杨钟健. 新眼界[M]. 上海：商务印书馆,1947.

[4] 杨钟健. 重编记骨室文目[M]. 1957.

[5] 杨钟健. 新生代研究室二十年[J]. 科学,1948 (11):325-328.

[6] 杨钟健. 古脊椎的研究成就和问题[M]. 油印本. 中国科学院古脊椎动物与古人类研究所,1972.

[7] 周明镇. 中国的古脊椎动物学研究：1949—1979[J]. 古脊椎动物与古人类,1979 (4):263-276.

[8] 中国科学院古脊椎动物与古人类研究所,北京自然博物馆. “大丈夫只能向前”：回忆古生物学家杨钟健[M]. 西安：陕西人民出版社,1981.

杨维　新中国的第一代工程师和包钢的创建者

[1] 包钢史料选辑：1—10辑合订本[Z]. 包头钢铁公司厂史办公室,1982.

[2] 包钢志·大事记：1953—1990[Z]. 包头钢铁稀土公司档案馆,1993.

[3] 包头钢铁公司编年纪事：1927—1984[Z]. 包钢厂史办公室,1984.

[4] 李刚. 一个铁骨铮铮的包钢人：春来塞外忆杨维[J]. 中国冶金史料,1986 (1):52-56.

[5] 杨维. 包钢建设的筹备工作[J]. 建设月刊,1957 (9): 31–33.
[6] 张柏春,姚芳,张久春,等. 苏联技术向中国的转移: 1949—1966[M]. 济南: 山东教育出版社,2004.

叶笃正 青藏高原气象学的奠基人

[1] 王舒. 风云人生: 叶笃正传[M]. 南京: 江苏人民出版社,2009.
[2] 周家斌,浦一芬. 求真求实登高峰:叶笃正[M]. 北京: 新华出版社,2008.
[3] 李跃清. 青藏高原气象学研究文集[G]. 北京: 气象出版社,2004.
[4] 叶笃正,高由禧,等. 青藏高原气象学[M]. 北京: 科学出版社,1979.
[5] 符淙斌,延晓冬,吴国雄,等. 学笃风正 献身科学: 贺叶笃正先生荣获世界气象组织最高奖[J]. 中国科学院院刊,2003 (4): 298–302.
[6] 科研需要朝前和超前的治学精神[N]. 中国气象报,2013–10–18 (A03).
[7] 吴彤,等. 领袖科学家: 王大珩、叶笃正、刘东生[M]. 北京: 中国科学技术出版社,2012.

曼德博 分形之父

[1] B. B. Mandelbrot. Fractals: Form, Chance, and Dimension[M]. San Francisco: W. H. Freeman and Company, 1977.
[2] B. B. Mandelbrot.The Fractal Geometry of Nature [M]. Updated and Augmented. New York: W. H. Freeman and Company, 1983.
[3] J. Gleick. Chaos: Making a New Science [M]. New York: Viking Penguin Inc., 1987.
[4] D. J. Albers, G. L. Alexanderson. Mathematical People: Profiles and Interviews

[M]. Boston: Birkhäuser, 1985.

[5] B. B. Mandelbrot. Fractals[C]// John Holte. Chaos: The New Science (Nobel Conference XXVI), 1993.

[6] B. B. Mandelbrot. Fractal geometry: what is it, and what does it do? [J]. Proc. R. Soc. Lond., 1989, A423: 3–16.

[7] B. B. Mandelbrot. Stable Paretian random functions and the multiplicative variation of income[J]. Econometrica, 1961, 29 (4): 517–543.

[8] B. B. Mandelbrot. Paretian distributions and income maximization[J]. The Quarterly Journal of Economics, 1962, 76 (1): 57–85.

[9] 刘华杰. 分形艺术[M]. 长沙: 湖南科学技术出版社, 1998.

人名对照表

（按外文姓氏的首字母排序）

B

巴舍利耶——L. Bachelier

巴尔博——G. B. Barbour

巴塞洛斯——A. Barcellos

博蒙——E. Beaumont

德拉贝奇 ——H. T. De La Beche

边沁——J. Bentham

步达生——D. Black

玻意耳—— R. Boyle

白劳里——F. Broili

布劳沃——H. A. Brouwer

巴克兰——W. Buckland

C

卡莱尔——T. Carlyle

查德威克——E. Chadwick

德日进——P. T. de Chardin

克拉克——P. Clark

科尔伯特——E. H. Colbert

科尼比尔—— W. D. Conybeare

居维叶——G. Cuvier

F

费根鲍姆——M. Feigenbaum

菲顿—— W. H. Fitton

弗洛恩—— H. Flohn

福布斯——E. Forbes

弗里施——U. Frisch

G

加德纳——J. Gardner

盖基——A. Geikie

格莱克——J. Gleick

戈莫里——R. E. Gomory

葛利普——A. W. Grabau

格里诺——G. Greenough

格雷戈里——W. K. Gregory

H

霍尔——J. Hall

胡克——J. D. Hooker

赫顿——J. Hutton

赫胥黎——T. Huxley

J

贾加尔——M. Jaggar

朱克斯——J. B. Jukes

K

卡斯帕罗夫——G. Kasparov

科赫—— H. von Koch

柯本——W. P. Köppen

L

拉夸——A. Lacroix

拉马克——J. Lamarck

莱维——P. Lévy

洛伦茨——E. N. Lorenz

赖尔——C. Lyell

M

曼德博—— B. B. Mandelbrot

默奇森——R. Murchison

N

内斯——J. W. van Ness

O

奥尔德姆——T. Oldham

P

帕累托——V. Pareto

帕克——P. H. Parker

皮尔——R. Peel

菲利普斯—— J. Phillips

R

拉姆齐——A. C. Ramsay

拉斯姆——R. Rasmus

赖斯——S. Rice

L. F. 理查森—— L. F. Richardson

里希特——P. H. Richter

罗默——A. S. Romer

罗斯贝——C.-G. A. Rossby

S

舒罗塞——M. Schlosser

斯克罗普—— G. J. P. Scrope

塞奇威克——A. Sedgwick

谢尔平斯基——W. Sierpiński

辛普森——G. G. Simpson

史密斯——W. Smith

斯图尔特——R. Stewart

修斯——E. Suess

T

F. B. 泰勒——F. B. Taylor

G. 泰勒——G. Taylor

V

维利耶 ——B. de Villiers

W

瓦利斯——J. R. Wallis

沃伯顿 ——H. Warburton

沃森——D. M. S. Watson

魏格纳——A. L. Wegener

魏敦瑞——F. Weidenreich

惠威尔——W. Whewell

威利斯——B. Willis